Snabbköksmästaren

En Mikrovågskokbok för Tidsmedvetna

Emma Karlsson

Innehåll

Paella 13
Paella med pimientos 14
Kyckling Amandine 14
Kyckling Amandine med tomater och basilika 15
Kyckling divan 16
Kyckling i gräddsås med selleri 18
Kyckling i gräddsås med chips 18
Kyckling à la King 18
Turkiet à la King 19
Kyckling à la King med ost 20
Kyckling à la King Shortcakes 20
Slimmers kycklingleverbräs 20
Slimmers kalkonleverbräs 21
Kyckling Tetrazzini 22
Gryta med kyckling och blandade grönsaker 23
Honungskyckling på ris 24
Kyckling i vit romsås med lime 25
Kyckling i konjaksås med apelsin 26
Ätpinnar i grillad sås med barnpasta 27
Kyckling i mexikansk molsås 28
Kycklingvingar i grillad sås med babypasta 29
Kyckling Jambalaya 30

Turkiet Jambalaya 31

Kyckling med kastanjer 32

Kyckling Gumbo 33

Turkiet Gumbo 35

Kycklingbröst med brunt apelsinpålägg 35

Kyckling i krämig pepparsås 36

Kalkon i krämig pepparsås 37

Woodland Chicken 38

Kyckling med äpplen och russin 39

Kyckling med päron och russin 40

Grapefruktkyckling 40

Ungersk kyckling och blandade grönsaker 41

Kyckling Bourguignonne 42

Kyckling Fricassée 44

Kyckling Fricassée med vin 46

Chicken Supreme 46

Coq au Vin 46

Coq au Vin med svamp 47

Coq au Cola 48

Mallets med devilled beläggning 48

Kyckling Cacciatore 49

Kyckling chassör 50

Kyckling Marengo 50

Sesam kyckling 51

Kapten för landet 52

Kyckling i tomat- och kaprissås 54

Kyckling paprika 56

Nyanser av kycklingen i öst 58
Nasi goreng 60
Ugnsbakad kalkon 61
Spanska Turkiet 62
Turkiet tacos 63
Pannkaka tacos 64
Kalkonlimpa 65
Anglo-Madras Turkiet Curry 66
Frukt kalkon curry 67
Kalkonpaj med bröd och smör 68
Kalkon- och risgrytor med fyllning 70
Kalkonbröst med apelsinglasyr 71
Sötsyrlig anka 72
Duck Canton 73
Anka med apelsinsås 74
Anka i fransk stil 75
Baka benfria och rullade köttbitar 78
Sötsyrliga fläskkotletter med apelsin och lime 79
Köttfärslimpa 80
Kalkon och korvkött 81
Fläskkotletter med dragkedja 81
Hawaiian griskött och ananas gryta 82
Hawaiiansk gammon- och ananasgryta 82
Festlig Gammon 83
Glaserad Gala Gammon 84
Paella med spansk salami 85
Köttbullar i svensk stil 86

Helstekt fläsk med knäck 87
Helstekt fläsk med honung 88
Fläskkotletter med rödkål 88
Fläskfilé i romersk stil 89
Fläskfilé och grönsaksgryta 90
Chili fläskkotletter 91
Fläsk med chutney och mandariner 92
"Grillade" revben 93
Cikoria insvept i skinka i ostsås 94
Fläsk revbensspjäll i en klibbig apelsin barbecuesås 96
Biff och svamppudding 97
Biff och njurpudding 99
Biff och kastanjepudding 99
Biff och inlagd valnötspudding med katrinplommon 99
Sydamerikanskt "hackat" kött 100
Brasilianskt "hackat" kött med ägg och oliver 100
Ruben smörgås 101
Beef Chow Mein 102
Beef Chop Suey 102
Aubergine och nötköttsgryta 102
Curry med köttbullar 104
Italienska köttbullar 105
Snabba peppar köttbullar 106
Örtbiff skiva buffé 107
Jordnötsbiff i malaysisk stil med kokos 108
En snabb biff och majonnäslimpa 109
Nötkött tillagat i rött vin 110

Mintad aubergine dip 112
Auberginedipp med tomater och blandade örter 113
Mellanöstern Aubergine och Tahini Dip 114
Turkisk aubergine dip 115
Grekisk aubergine dip 116
Cauda träsk 117
Auberginegryta 118
Inlagd cocktailsvamp 120
Fyllda bakade auberginer med ägg och pinjenötter 121
grekiska svampar 122
Kronärtskockavinägrett 123
caesarsallad 124
Holländsk cikoria med ägg och smör 125
Äggmajonnäs 126
Ägg med Skordaliamajonnäs 127
Scotch Woodcock 128
Ägg med svensk majonnäs 129
Turkisk bönsallad 130
Bönsallad med ägg 131
Potted Kipper 132
Räkor i kruk 133
Bakad fylld äggavocado 134
Avokado fylld med tomater och ost 135
Skandinavisk rollmop och äppelsallad 136
Rollmop och äppelsallad med currysås 137
Bladsallad med getost och varm dressing 138
Gelé tomat koppar 138

Fyllda tomater 139
Italienska fyllda tomater 140
Glas för tomat- och kycklingsallad 142
Hackade ägg och lök 143
Quiche Lorraine 144
Ost och tomat quiche 146
Rökt laxquiche 146
Räkquiche 146
Spenatquiche 146
Medelhavsquiche 147
Sparris quiche 148
Deviled valnötter 149
Ångade valnötter till curry 150
Blåmögelost och pekannötsflan 151
Rik leverpastej 152
Varm och syrlig krabbasoppa 154
Lätt orientalisk soppa 156
Soppa med leverknödel 157
Krämig morotssoppa 158
Kyld morots- och purjolökssoppa 159
Morot och koriander soppa 160
Morot med apelsinsoppa 160
Sallad gräddsoppa 161
Grön purésoppa 162
Palsternacka och persiljesoppa med wasabi 163
Sötpotatissoppa 163
Krämig grönsakssoppa 164

Grön ärtsoppa 165
Squash soppa 165
Krämig svampsoppa 165
Krämig pumpasoppa 166
Cock-a-leekie soppa 167
Skotsk buljong 167
Israelisk kyckling och avokadosoppa 168
Avokadosoppa med rödbetor 169
Borsch 169
Kall Bortsch 170
Krämig kall Bortsch 171
Apelsin linssoppa 171
Apelsin linssoppa med ost och rostade cashewnötter 172
Linssoppa med tomatgarnering 173
Gul ärtsoppa 173
fransk löksoppa 174
Minestrone 175
Minestrone Genovese 176
Italiensk potatissoppa 177
Färsk tomat och selleri soppa 178
Tomatsoppa med avokadodressing 179
Kyld ost och löksoppa 180
Ostsoppa i schweizisk stil 181
Avgolemonosoppa 182
Krämig gurksoppa med pastis 183
Currysoppa med ris 184
Vichyssoise 185

Kyld gurksoppa med yoghurt ... 186
Kyld spenatsoppa med yoghurt ... 187
Sherried kyld tomatsoppa ... 188
New England Fish Chowder ... 189
Krabbasoppa ... 190
Krabba och citronsoppa ... 191
Hummerbisque ... 191
Torkad förpackad soppa ... 191
Kondenserad soppa på burk ... 192
Uppvärmning av soppor ... 192
Uppvärmning av ägg för matlagning ... 192
Pocherade ägg ... 193
Stekta (ångade) ägg ... 194
Piperade ... 195
Piperade med Gammon ... 196
Piperada ... 196
Florentinska ägg ... 197
Pocherat ägg Rossini ... 198
Aubergine mixer ... 198
Klassisk omelett ... 200
Smaksatta omeletter ... 200
Brunch omelett ... 202
Pocherat ägg med smält ost ... 202
Ägg Benedict ... 203
Omelett Arnold Bennett ... 203
Tortilla ... 205
Spansk omelett med blandade grönsaker ... 205

Spansk omelett med skinka.. 206
Råa ägg i sellerisås... 207
Ägg Fu Yung 208
Pizza omelett 208
Soufflé omelett... 209
Rollmops med aprikoser 210
Pocherad Kipper 211
Madras räkor 212
Martini rödspätta rullar med sås 213

Paella

Serverar 6

1 kg/2¼ lb benfritt kycklingbröst
30 ml/2 matskedar olivolja
2 lökar, hackade
2 vitlöksklyftor, krossade
1 grön paprika, kärnad och hackad
225 g/8 oz/1 kopp risottoris
1 paket saffranspulver eller 5 ml/1 tsk gurkmeja
175 g/6 oz/1½ koppar frysta ärtor
4 tomater, blancherade och skalade
225 g/8 oz kokta musslor
75 g/3 oz/¾ kopp kokt skinka, tärnad
125 g/4 oz/1 kopp skalade räkor (räkor)
600 ml/1 pt/2½ koppar kokande vatten
7,5–10 ml/1½–2 tsk salt
Extra kokta musslor, kokta räkor och citronklyftor till dekoration

Lägg kycklingen runt kanten på en 25cm/10cm ugnsform (nederländsk ugn), lämna ett hål i mitten. Täck med folie (plastfolie) och skär två gånger så att ånga kan komma ut. Koka på fullt i 15 minuter. Häll av vätskan och reservera. Skär kycklingen i tärningar. Tvätta och torka disken. Häll oljan i pannan och värm i en hel minut. Rör ner lök, vitlök och grönpeppar. Koka utan lock i 4 minuter på fullt. Tillsätt alla återstående ingredienser med kyckling och reservera sprit, blanda väl.

Täck som tidigare och koka i hela 20 minuter, vänd på grytan tre gånger. Låt stå i ugnen i 10 minuter och grädda sedan i ytterligare 5 minuter. Avtäck och dekorera med musslor, räkor och citronklyftor.

Paella med pimientos

Serverar 6

Förbered som för paella, men uteslut musslorna och andra skaldjur om du vill, och garnera med citronklyftor, 200g/7oz avrunna konserverade pimientos, skurna i strimlor och extra ärtor.

Kyckling Amandine

Serverar 4

Ett typiskt nordamerikanskt förkortat recept.

4 kycklingar, ca 450 g / 1 lb vardera
300 ml/10 fl oz/1 burk kondenserad gräddsvampsoppa
150 ml/¼ pt/2/3 kopp medium torr sherry
1 vitlöksklyfta, krossad
90 ml/6 matskedar rostad skalad (riven) mandel
175 g/6 oz/¾ kopp brunt ris, kokt
Broccoli

Lägg poussinerna med bröstsidan nedåt och i ett enda lager i en stor, djup, mikrovågssäker skål. Täck med folie (plastfolie) och skär två gånger så att ånga kan komma ut. Koka på full effekt i 25 minuter, vänd på grytan fyra gånger. Vänd på kycklingarna så att de nu är med bröstsidan uppåt. Rör försiktigt soppan med sherryn och eventuell matlagningsjuice från kycklingen. Rör ner vitlöken. Häll tillbaka över kycklingarna. Täck som tidigare och koka i hela 15 minuter, vänd på grytan tre gånger. Låt stå i 5 minuter. Lägg över kycklingarna på uppvärmda tallrikar och häll såsen över dem. Strö över mandel och servera med ris och broccoli.

Kyckling Amandine med tomater och basilika

Serverar 4

Förbered som kyckling Amandine, men ersätt den kondenserade grädden av tomatsoppa med svamp och Marsala med sherry. Mot slutet av tillagningen, tillsätt 6 trasiga basilikablad.

Kyckling divan

Serverar 4

En annan enkel nordamerikansk specialitet, traditionellt gjord på broccoli.

1 stort broccolihuvud, kokt

25 g/1 oz/2 msk smör eller margarin

45 ml/3 matskedar vanligt (all-purpose) mjöl

150 ml/¼ pt/2/3 kopp varm kycklingfond

150 ml/¼ pt/2/3 kopp enkel (lätt) grädde

50g/2oz/½ kopp röd Leicesterost, riven

30 ml/2 matskedar torrt vitt vin

5 ml/1 tsk fin senap

225 g/8 oz/2 koppar kokt tärnad kyckling

Salt

Malen muskotnöt

45 ml/3 matskedar riven parmesanost

röd paprika

Dela broccolin i buketter och lägg på botten av en lätt smörad djup form med en diameter på 25 cm/10. Värm smöret eller margarinet på full värme i en separat skål i 45-60 sekunder tills det börjar fräsa. Blanda i mjölet och blanda gradvis i den varma buljongen och grädden. Koka på hög nivå i 4-5 minuter tills det tjocknat, vispa varje minut. Rör ner röd Leicester, vin, senap och kyckling. Tillsätt salt och muskot efter smak. Häll såsen över broccolin. Strö över parmesan och paprika. Täck med folie (plastfolie) och skär två gånger så att ånga kan komma ut. Värm i avfrostningsläge i 8-10 minuter tills det är varmt.

Kyckling i gräddsås med selleri

Serverar 4

Förbered som för Chicken Divan, men ersätt broccolin med 400 g/14 oz/1 stor burk avrunna sellerishjärtan. (Vätskan från burken kan reserveras för andra recept.)

Kyckling i gräddsås med chips

Serverar 4

Förbered som Chicken Divan, men uteslut ost- och peppartoppen. Strö istället över 1 liten påse potatischips (flingor), grovt krossad.

Kyckling à la King

Serverar 4

Ännu en import från USA och ett innovativt sätt att använda överbliven kyckling.

40 g/1½ oz/3 msk smör eller margarin

40 g/1½ oz/1½ msk vanligt (all-purpose) mjöl
300 ml/½ punkt/1¼ koppar varm kycklingfond
60 ml/4 msk dubbel (tung) grädde
1 konserverad röd pimiento, skuren i tunna strimlor
200g/7oz/liten 1 kopp konserverad skivad svamp, avrunnen
Salt och nymalen svartpeppar
350 g/12 oz/2 koppar kokt kyckling, tärnad
15 ml/1 matsked medium torr sherry
Nylagad rostat bröd för servering

Lägg smör eller margarin i en 1,5-quart/2½-quart/6-kopps ugnsform (nederländsk ugn). Värm, utan lock, för att tina i 1 minut. Blanda i mjölet och blanda sedan gradvis i buljongen och grädden. Koka utan lock på hög temperatur i 5-6 minuter tills det bubblar och tjocknar, vispa varje minut. Blanda i alla resterande ingredienser och blanda väl. Täck med en plåt och värm till Full i 3 minuter. Låt stå i 3 minuter innan servering på rostat bröd.

Turkiet à la King

Serverar 4

Tillaga som Chicken à la King (ovan), men byt ut kycklingen mot kokt kalkon.

Kyckling à la King med ost

Serverar 4

Förbered som kyckling à la King (ovan), men täck med 125 g/4 oz/1 kopp riven röd Leicester-ost efter 3 minuters uppvärmning. Värm utan lock på hög temperatur i ytterligare 1-1½ minut tills osten smält.

Kyckling à la King Shortcakes

Serverar 4

Tillaga som kyckling à la King. Före servering, dela 4 stora scones eller ostscones (kex) och lägg bottnarna på fyra värmda tallrikar. Täck med kycklingblandning och täck med lock. Ät varmt.

Slimmers kycklingleverbräs

Serverar 4

En huvudrätt med låg fetthalt och låg stärkelse som kan ätas med broccoli eller blomkål istället för potatis.

15 ml/1 matsked oliv- eller solrosolja

1 röd paprika, kärnad och tunt skivad

1 stor morot, tunt skivad
1 stor lök, tunt skivad
2 stora stjälkar selleri, tunt skivade diagonalt
450g/1lb kycklingbröst, skurna i lagom stora bitar
10 ml/2 tsk majsmjöl (majsstärkelse)
4 stora tomater, blancherade, skalade och grovt hackade
Salt och nymalen svartpeppar

Lägg olja i en 1,75-quart/3-pt/7½-kopps ugnsform (nederländsk ugn). Rör ner de förberedda grönsakerna och koka utan lock i 5 minuter på fullt, rör om två gånger. Rör ner levern i grönsakerna och koka utan lock i 3 minuter, rör om en gång. Rör ner majsmjöl, tomater och kryddor efter smak. Täck med folie (plastfolie) och skär två gånger så att ånga kan komma ut. Koka i hela 6 minuter, vänd en gång.

Slimmers kalkonleverbräs

Serverar 4

Förbered som för Slimmers' Chicken Lever Braise, men byt ut kycklinglever mot kalkonlever.

Kyckling Tetrazzini

Serverar 4

175 g/6 oz/1½ koppar kortskurna makaroner
300 ml/10 fl oz/1 burk kondenserad grädde av kyckling eller
svampsoppa
150 ml/¼ pt/2/3 kopp mjölk
225 g svamp skuren i skivor

350 g/12 oz/2 koppar kall kokt kyckling, tärnad
15 ml/1 matsked citronsaft
50 g/2 oz/¾ kopp flingad (riven) mandel
1,5 ml/¼ tesked mald muskotnöt
75 g/3 oz/¾ kopp cheddarost, fint riven

Koka makaronerna enligt anvisningarna på förpackningen. Släpp. Häll soppan i en smörad skål på 1,75 liter/3 pt/7½ kopp. Slå i mjölk. Värm, utan lock, på fullt i 5-6 minuter, tills det är varmt och bubblar försiktigt. Blanda i makaronerna och alla övriga ingredienser utom osten. Täck med folie (plastfolie) och skär två gånger så att ånga kan komma ut. Koka på full effekt i 12 minuter, vänd på grytan tre gånger. Avtäck och strö över ost. Stek konventionellt under en het grill (broilers).

Gryta med kyckling och blandade grönsaker

Serverar 4

4 stora kokta potatisar skurna i tunna skivor
3 kokta morötter, skurna i tunna skivor
125 g/4 oz/1 kopp kokta ärtor
125 g/4 oz/1 kopp kokt majs
4 portioner kyckling, 225 g/8 oz, utan skinn

300 ml/10 fl oz/1 burk kondenserad gräddsellerisoppa eller annan smak efter smak

45 ml/3 msk medium torr sherry

30 ml/2 matskedar enkel (lätt) grädde

1,5 ml/¼ tesked riven muskotnöt

75 g/3 oz/1¼ koppar cornflakes, grovt krossade

Täck botten av en smörad djup form med en diameter på 25 cm/10 med potatis- och morotsskivor. Strö över ärtor och majs och toppa med kyckling. Täck med folie (plastfolie) och skär två gånger så att ånga kan komma ut. Koka på full effekt i 8 minuter, vänd på grytan fyra gånger. Vispa soppan med alla resterande ingredienser utom cornflakes. Skeda över kycklingen. Täck som tidigare och koka i hela 11 minuter, vänd på grytan två gånger. Låt stå i 5 minuter. Innan servering, avtäck och strö över cornflakes.

Honungskyckling på ris

Serverar 4

25 g/1 oz/2 msk smör eller margarin

1 stor lök, hackad

6 skivade baconskivor

75 g/3 oz/1/3 kopp lättlagat långkornigt ris

300 ml/½ punkt/1¼ kopp varm kycklingfond

Nymalen svartpeppar

4 benfria kycklingbröst, vardera 175 g
Finrivet skal och saft av 1 apelsin
30 ml/2 matskedar mörk klar honung
5 ml/1 tsk paprika
5 ml/1 tsk Worcestershiresås

Lägg smöret eller margarinet i en djup form med en diameter på 20 cm/8. Värm, utan lock, i en hel minut. Rör ner lök, bacon, ris, buljong och kryddor efter smak. Lägg kycklingen i en ring ovanpå. Blanda apelsinskal och juice, honung, paprika och Worcestershiresås. Skeda hälften över kycklingen. Täck med folie (plastfolie) och skär två gånger så att ånga kan komma ut. Koka på full effekt i 9 minuter, vänd på grytan tre gånger. Avslöja. Pensla kycklingen med resterande honungsblandning. Koka utan lock i 5 minuter på fullt. Låt stå i 3 minuter innan servering.

Kyckling i vit romsås med lime

Serverar 4

25 g/1 oz/2 msk smör eller margarin
10 ml/2 tsk majs- eller solrosolja
1 purjolök, mycket tunt skivad
1 vitlöksklyfta, krossad
75 g/3 oz/¾ kopp mager skinka, hackad
675g/1½lb benfritt kycklingbröst, skuret i lagom stora bitar
3 tomater, blancherade, skalade och grovt hackade
30 ml/2 matskedar vit rom

5 cm/2 i remsor av limeskal

Saft från 1 söt apelsin

Salt

150 ml/¼ pt/2/3 kopp vanlig yoghurt

vattenkrasse (valfritt)

Lägg smör eller margarin och olja i en 23 cm/9 ugnsform (nederländsk ugn). Värm, utan lock, i en hel minut. Rör ner purjolök, vitlök och skinka. Koka utan lock i 4 minuter och rör om två gånger. Rör ner kycklingen. Täck med en tallrik och koka i hela 7 minuter, vänd på skålen två gånger. Tillsätt alla återstående ingredienser utom yoghurt och vattenkrasse, om du använder. Täck med folie (plastfolie) och skär två gånger så att ånga kan komma ut. Koka på full effekt i 8 minuter, vänd på grytan fyra gånger. Avslöja. Blanda yoghurten med lite av vätskan från skålen tills den är slät och krämig, häll sedan över kycklingen. Värm utan lock på full effekt i 1½ minut. Kasta limefrukten. Servera garnerad med vattenkrasse efter smak.

Kyckling i konjaksås med apelsin

Serverar 4

Tillaga som kyckling i vit romlimesås, men ersätt rombrandy och lime med apelsinskal. Använd 60 ml/4 msk ginger ale istället för apelsinjuice.

Ätpinnar i grillad sås med barnpasta

Serverar 4

900g/2lb kycklingklubbor

2 lökar, hackade

2 stjälkar selleri, hackade

30 ml/2 msk fullkornssenap

2,5 ml/½ tsk paprika

5 ml/1 tsk Worcestershiresås

400 g/14 oz/1 stor burk tärnade tomater i tomatjuice

125 g/4 oz/1 kopp valfri liten pasta

7,5 ml/1 ½ tsk salt

Placera trumpinnar som ekrarna på ett hjul i en djup 25 cm/10 skål med de beniga ändarna mot mitten. Täck med folie (plastfolie) och skär två gånger så att ånga kan komma ut. Koka i hela 8 minuter, vänd på grytan tre gånger. Lägg under tiden grönsakerna i en skål och blanda resten av ingredienserna. Ta ut kycklingformen ur mikrovågsugnen, avtäck och häll kycklingjuicen i grönsaksblandningen. Blanda väl. Skeda över ätpinnar. Täck som tidigare och koka i hela 15 minuter, vänd på grytan tre gånger. Låt stå i 5 minuter innan servering.

Kyckling i mexikansk molsås

Serverar 4

4 benfria kycklingbröst, 175 g/6 oz vardera, utan skinn

30 ml/2 matskedar majsolja

1 stor lök finhackad

1 grön paprika, kärnad och hackad

1 vitlöksklyfta, krossad

30 ml/2 matskedar vanligt (all-purpose) mjöl

3 hela nejlikor

1 lagerblad

2,5 ml/½ tesked mald kanel

5 ml/1 tsk salt

150 ml/¼ pt/2/3 kopp tomatjuice

50 g/2 oz/½ kopp slät (halvsöt) choklad, bruten i bitar

175 g/6 oz/¾ kopp långkornigt ris, kokt
15 ml/1 matsked vitlökssmör

Lägg kycklingen runt kanten på en 20 cm/8 djup form. Täck med folie (plastfolie) och skär två gånger så att ånga kan komma ut. Koka på fullt i 6 minuter. Låt stå medan du förbereder såsen. Värm oljan utan lock i en separat gryta i 1 minut på full effekt. Rör ner lök, grönpeppar och vitlök. Koka utan lock i 3 minuter på fullt och rör om två gånger. Rör ner mjöl, sedan kryddnejlika, lagerblad, kanel, salt och tomatjuice. Koka utan lock på fullt i 4 minuter, rör om varje minut. Ta bort från mikrovågsugnen. Tillsätt chokladen och blanda noga. Koka utan lock i 30 sekunder på fullt. Avtäck kycklingen och täck med varm sås. Täck som tidigare och koka på fullt i 8 minuter. Låt stå i 5 minuter. Servera med ris pålägg med vitlökssmör.

Kycklingvingar i grillad sås med babypasta

Serverar 4

Förbered som klubbor i barbecuesås med babypasta, men byt ut klubborna mot kycklingvingar.

Kyckling Jambalaya

Serverar 3-4

Louisiana hotfoot är en underbar ris- och kycklingrätt, relaterad till paella.

2 benfria kycklingbröst

50 g/2 oz/¼ kopp smör eller margarin

2 stora lökar, hackade

1 röd paprika, kärnad och hackad

4 stjälkar selleri, hackade

2 vitlöksklyftor, krossade

225 g/8 oz/1 kopp lätt kokt långkornigt ris

400 g/14 oz/1 stor burk tärnade tomater i tomatjuice

10–15 ml/2–3 tsk salt

Lägg kycklingen runt kanten på en 25 cm/10 djup form. Täck med folie (plastfolie) och skär två gånger så att ånga kan komma ut. Koka på fullt i 7 minuter. Låt stå i 2 minuter. Lägg kycklingen på en bräda och skär i tärningar. Häll kycklingens matlagningsjuice i en kanna och ställ åt sidan. Tvätta och torka skålen, tillsätt smöret och smält utan lock i 1½ minut. Rör i den reserverade vätskan, kyckling, beredda grönsaker, vitlök, ris och tomater. Krydda med salt. Täck som tidigare och låt koka högt i 20-25 minuter tills riskornen är torra och har absorberat all fukt. Låt stå i 5 minuter, sticka med en gaffel och servera direkt.

Turkiet Jambalaya

Serverar 3-4

Förbered som Chicken Jambalaya, men ersätt kalkonbröst istället för kyckling.

Kyckling med kastanjer

Serverar 4

25 g/1 oz/2 msk smör eller margarin
2 stora lökar, skalade och rivna
430 g/15 oz/1 stor burk osötad kastanjepuré
2,5 ml/½ tesked salt
4 skinn- och benfria kycklingbröst, 175 g vardera
3 tomater, blancherade, skalade och skivade
30 ml/2 matskedar hackad persilja
Rödkål och kokt potatis till servering

Lägg smöret eller margarinet i en djup form med en diameter på 20 cm/8. Smält utan lock för att tina i 1½ minut. Rör ner löken. Koka utan lock i 4 minuter på fullt. Tillsätt kastanjepurén och saltet sked för sked och blanda väl, blanda väl med löken. Bred ut i ett jämnt lager på botten av formen och arrangera kycklingbrösten ovanpå runt kanten på formen. Lägg tomatskivor ovanpå och strö över persilja. Täck med folie (plastfolie) och skär två gånger så att ånga kan komma ut. Koka på full effekt i 15 minuter, vänd på grytan tre gånger. Låt stå i 4 minuter. Serveras med rödkål och potatis.

Kyckling Gumbo

Serverar 6

En korsning mellan soppa och gryta, Gumbo är en sydländsk komfortmat och en av Louisianas bästa exportvaror. Grunden är okra (lady's fingers) och brun gryta med tillsats av grönsaker, kryddor, buljong och kyckling.

50 g/2 oz/¼ kopp smör
50 g/2 oz/½ kopp vanligt (all-purpose) mjöl
900 ml/1½ poäng/3¾ koppar het kycklingfond
350g/12oz okra (lady's fingers), med topp och svans
2 stora lökar, fint hackade
2 vitlöksklyftor, krossade
2 stora stjälkar selleri, tunt skivade
1 grön paprika, kärnad och hackad
15–20 ml/3–4 tsk salt
10 ml/2 tsk mald koriander (koriander)
5 ml/1 tesked gurkmeja
5–10 ml/1–2 tsk mald kryddpeppar
30 ml/2 matskedar citronsaft
2 lagerblad
5–10 ml/1–2 tsk het pepparsås

450 g / 1 lb / 4 koppar kokt kyckling, strimlad

175 g/6 oz/¾ kopp långkornigt ris, kokt

Placera smöret i en 2,5-quart/4½-punkts/11-kopps ugnsform (nederländsk ugn). Värm, utan lock, i hela 2 minuter. Rör ner mjölet. Koka utan lock på full värme i 7 minuter, rör om varje minut, tills blandningen bildar en ljusbrun roux, färgen på en välgräddad kaka. Rör gradvis i den varma buljongen. Skär varje okra i åtta bitar och lägg i grytan med alla övriga ingredienser utom kycklingen och riset. Täck med folie (plastfolie) och skär två gånger så att ånga kan komma ut. Koka på fullt i 15 minuter. Rör ner kycklingen. Täck som tidigare och koka på fullt i 15 minuter. Låt stå i 5 minuter. Blanda och häll upp i soppskålar. Lägg till en hög ris till varje.

Turkiet Gumbo

Serverar 6

Förbered som Chicken Gumbo, men byt ut kycklingen mot kokt kalkon.

Kycklingbröst med brunt apelsinpålägg

Serverar 4

60 ml/4 msk apelsinsylt (på burk) eller finhackad marmelad
15 ml/1 matsked maltvinäger
15 ml/1 matsked sojasås
1 vitlöksklyfta, krossad
2,5 ml/½ tsk mald ingefära
7,5 ml/1 ½ tsk majsmjöl (majsstärkelse)
4 benfria kycklingbröst, 200 g/7 oz vardera, utan skinn
Kinesiska nudlar, kokta

Blanda alla ingredienser utom kyckling och nudlar i en liten skål. Värm, utan lock, i hela 50 sekunder. Ordna kycklingbrösten runt kanten på en djup tallrik med en diameter på 20 cm/8. Skeda över hälften av basten. Täck med en tallrik och koka i hela 8 minuter, vänd på skålen två gånger. Vänd på brösten och gnid in med resterande kryddor. Täck som tidigare och koka på fullt i ytterligare 8 minuter. Låt stå i 4 minuter och servera sedan med kinesiska nudlar.

Kyckling i krämig pepparsås

Serverar 6

25 g/1 oz/2 msk smör eller margarin

1 liten lök, finhackad

4 benfria kycklingbröst

15 ml/1 matsked majsmjöl (majsstärkelse)

30 ml/2 matskedar kallt vatten

15 ml/1 matsked tomatpuré (pasta)

20–30 ml/4–6 tsk flaska eller konserverad Madagaskar grönpeppar

150 ml/¼ pt/2/3 kopp sur (mjölksur) grädde

5 ml/1 tsk salt

275 g/10 oz/1 ¼ koppar långkornigt ris, kokt

Lägg smöret eller margarinet i en djup form med en diameter på 20 cm/8. Smält, utan täckning, i hela 45-60 sekunder. Tillsätt löken. Koka utan lock i 2 minuter på fullt. Skär kycklingbröstet tvärs över kornet i 2,5 cm/1 breda strimlor. Blanda väl ner i smöret och löken. Täck med folie (plastfolie) och skär två gånger så att ånga kan komma ut. Koka i hela 6 minuter, vänd på grytan tre gånger. Blanda under tiden majsmjöl med kallt vatten tills det är slätt. Blanda alla övriga ingredienser utom ris. Kombinera med kyckling och lök, flytta blandningen till kanterna på fatet och lämna en liten fördjupning i mitten. Täck som tidigare och koka i hela 8 minuter, vänd på grytan fyra gånger. Låt stå i 4 minuter. Rör om innan servering med ris.

Kalkon i krämig pepparsås

Serverar 6

Förbered som kyckling i krämig pepparsås, men ersätt kalkonbröst istället för kyckling.

Woodland Chicken

Serverar 4

4 kycklingkvarter utan skinn, 225 g vardera

30 ml/2 matskedar majs- eller solrosolja

175 g (6 oz) hackade baconskivor

1 lök, hackad

175 g svamp, skuren i skivor

300 ml/½ pt/1¼ koppar passata

15 ml/1 matsked brun vinäger

15 ml/1 matsked citronsaft

30 ml/2 matskedar ljust farinsocker

5 ml/1 tesked beredd senap

30 ml/2 msk Worcestershiresås

Hackad koriander (koriander) blad till garnering

Lägg kycklingen runt kanten på en 25cm/10cm ugnsform (nederländsk ugn). Täck med folie (plastfolie) och skär två gånger så att ånga kan komma ut. Häll oljan i en separat skål och värm utan lock på full effekt i 1 minut. Tillsätt bacon, lök och svamp. Koka utan lock i 5 minuter på fullt. Blanda alla resterande ingredienser. Grädda den täckta kycklingen i 9 minuter, vänd på pannan två gånger. Avtäck och bred ut med grönsaksblandningen. Täck som tidigare och koka i hela 10 minuter, vänd på grytan tre gånger. Låt stå i 5 minuter. Strö över koriander före servering.

Kyckling med äpplen och russin

Serverar 4

25 g/1 oz/2 msk smör eller margarin

900g/2lb kycklingfogar

2 lökar, hackade

3 Cox-äpplen, skalade och skivade

30 ml/2 matskedar russin

1 vitlöksklyfta, hackad

30 ml/2 matskedar vanligt (all-purpose) mjöl

250 ml/8 fl oz/1 kopp shandy

2 kuber nötbuljong

2,5 ml/½ tesked torkad timjan

Salt och nymalen svartpeppar

30 ml/2 matskedar hackad persilja

Lägg smöret eller margarinet i en 25 cm/10 ugnsform (nederländsk ugn). Smält utan lock för att tina i 1–1½ minut. Tillsätt kycklingen. Täck med folie (plastfolie) och skär två gånger så att ånga kan komma ut. Koka på fullt i 8 minuter. Avtäck och vänd kycklingen. Täck som tidigare och koka på fullt i ytterligare 7 minuter. Avtäck och strö över lök, äpplen, russin och vitlök. Blanda mjölet med en del av shandyn tills det är slätt och blanda sedan i resterande shandy. Krossa tärningarna i såsen, tillsätt timjan och smaka av. Häll över kycklingen. Täck som tidigare och koka på fullt i 8 minuter, tills vätskan bubblar och tjocknar något. Låt stå i 5 minuter. Avtäck och strö över persilja.

Kyckling med päron och russin

Serverar 4

Tillaga som kyckling med äpplen och russin, men byt ut äpplena mot päron och äppelcider.

Grapefruktkyckling

Serverar 4

2 stjälkar selleri

30 ml/2 matskedar smör eller margarin
1 stor lök, finriven
4 stora kycklingleder, 1 kg/2¼ lb totalt, skinnet borttaget
Vanligt (all-purpose) mjöl
1 stor rosa grapefrukt
150 ml/¼ pt/2/3 kopp vitt eller rosévin
30 ml/2 matskedar tomatpuré (pasta)
1,5 ml/¼ tesked torkad rosmarin
5 ml/1 tsk salt

Skär sellerin över kornet i tunna strimlor. Lägg smöret eller margarinet i en djup form med en diameter på 25 cm/10. Smält utan lock i hela 30 sekunder. Rör ner lök och selleri. Koka helt utan lock i 6 minuter. Pudra kycklingen lätt med mjöl och lägg sedan runt kanten på formen. Täck med folie (plastfolie) och skär två gånger så att ånga kan komma ut. Koka i hela 10 minuter, vänd på grytan tre gånger. Skala under tiden grapefrukten och skär den i sektioner mellan hinnorna. Avtäck kycklingen och fördela grapefruktdelarna över den. Vispa vinet med tomatpuré, rosmarin och salt och häll över kycklingen. Täck som tidigare och koka på fullt i 10 minuter. Låt stå i 5 minuter innan servering.

Ungersk kyckling och blandade grönsaker

Serverar 4

25 g/1 oz/2 msk smör eller ister
2 stora lökar, hackade

1 liten grön paprika

3 små zucchini, tunt skivade

450g/1lb benfritt kycklingbröst, i tärningar

15 ml/1 tsk paprika

45 ml/3 matskedar tomatpuré (pasta)

150 ml/¼ pt/2/3 kopp sur (mjölksur) grädde

5–7,5 ml/1–1½ tsk salt

Lägg smöret eller isteret i en 25 cm/10 ugnsform (nederländsk ugn). Värm utan lock i avfrostningsläge i 1-1½ minut. Rör ner löken. Koka utan lock i 3 minuter på fullt. Blanda grön paprika, zucchini, kyckling, paprika och tomatpuré. Täck med folie (plastfolie) och skär två gånger så att ånga kan komma ut. Koka i hela 5 minuter, vänd på pannan tre gånger. Avslöja. Tillsätt gradvis gräddfil och salt. Täck som tidigare och koka på fullt i 8 minuter. Låt stå i 5 minuter, rör sedan om och servera.

Kyckling Bourguignonne

Serverar 6

En gourmethuvudrätt, mer traditionellt gjord på nötkött, men lättare med kyckling.

25 g/1 oz/2 msk smör eller margarin

2 lökar, hackade

1 vitlöksklyfta, krossad

750g/1½lb kycklingbröst, tärnad

30 ml/2 matskedar majsmjöl (majsstärkelse)

5 ml/1 tsk kontinental senap

2,5 ml/½ tsk torkade blandade örter

300 ml/½ punkt/1¼ kopp Bourgognevin

225 g svamp skuren i tunna skivor

5–7,5 ml/1–1½ tsk salt

45 ml/3 matskedar hackad persilja

Lägg smöret eller margarinet i en 25 cm/10 ugnsform (nederländsk ugn). Smält utan lock för att tina i 1½ minut. Rör ner löken och vitlöken. Täck med en tallrik och koka i 3 minuter. Avtäck och rör ner kycklingen. Täck med folie (plastfolie) och skär två gånger så att ånga kan komma ut. Koka på fullt i 8 minuter. Blanda majsmjöl och senap till en slät med lite vinröd, rör sedan ner resten. Häll över kycklingen. Strö över svamp och salt. Täck som tidigare och låt koka högt i 8-9 minuter, snurra grytan fyra gånger tills såsen tjocknar och börjar bubbla. Låt stå i 5 minuter, rör sedan om och strö över persilja innan servering.

Kyckling Fricassée

Serverar 6

En återupplivning av den speciella huvudrätten med kyckling från tjugo- och trettiotalet, alltid ätit med smörat vitt ris och grillade (rostade) baconrullar. Det kräver en stor mikrovågsugn.

1,5 kg/3 lb kycklingleder, skinnet avlägsnat

1 lök, skär i 8 cirklar

2 stora stjälkar selleri, tunt skivade

1 liten morot, tunt skivad

2 tjocka skivor citron

1 litet lagerblad

2 hela nejlikor

Persiljekvistar

10 ml/2 tsk salt

300 ml/½ punkt/1¼ kopp varmt vatten

150 ml/¼ pt/2/3 kopp enkel (lätt) grädde

40 g/1½ oz/3 msk smör eller margarin

40 g/1½ oz/1½ msk vanligt (all-purpose) mjöl

Saften av 1 liten citron

Salt och nymalen svartpeppar

Placera kycklingen i en 12-tums/12-tums ugnsform (nederländsk ugn). Tillsätt lök, selleri och morot i en skål med citronskivor, lagerblad, kryddnejlika och 1 kvist persilja. Strö över salt och tillsätt vatten. Täck med folie (plastfolie) och skär två gånger så att ånga kan komma ut. Koka på full effekt i 24 minuter, vänd på grytan tre gånger. Dra ut kycklingen. Vi tar bort köttet från benen och skär det i lagom stora bitar. Sila av vätskan från skålen, spara 300 ml/½ pt/1¼ koppar. Rör ner grädden. Lägg smöret i en stor grund skål. Smält utan lock i hela 1½ minut. Blanda i mjölet och blanda sedan gradvis i den varma buljongen och grädden. Koka utan lock på hög temperatur i 5-6 minuter, vispa varje minut tills den tjocknar och bubblar. Tillsätt citronsaft, rör ner kycklingen och smaka av. Täck som tidigare och värm i hela 5 minuter, vänd på pannan två gånger. Låt stå i 4 minuter innan du garnerar med persilja och serverar.

Kyckling Fricassée med vin

Serverar 6

Förbered som kycklingfricassée, men använd endast 150 ml/¼ pt/2/3 kopp reserverad fond och tillsätt 150 ml/¼ pt/2/3 kopp torrt vitt vin.

Chicken Supreme

Serverar 6

Förbered som kyckling Fricassée. Efter 5 minuters uppvärmning i slutet och stående, vispa 2 äggulor blandade med ytterligare 15 ml/1 msk grädde. Värmen från blandningen kommer att koka äggulorna.

Coq au Vin

Serverar 6

50 g/2 oz/¼ kopp smör eller margarin
1,5 kg/3 lb kycklingleder, skinnet avlägsnat
1 stor lök finhackad
1 vitlöksklyfta, krossad
30 ml/2 matskedar vanligt (all-purpose) mjöl
300 ml/½ pt/1¼ kopp torrt rött vin

1 tärning nötbuljong
5 ml/1 tsk salt
12 schalottenlök eller picklad lök
60 ml/4 matskedar hackad persilja
1,5 ml/¼ tesked torkad timjan
Kokt potatis och brysselkål till servering

Lägg smöret eller margarinet i en 12-tums (30 cm) ugnsform (nederländsk ugn). Värm, utan lock, i en hel minut. Lägg i kycklingbitarna och vänd dem en gång så att alla bitar är belagda med smör men blir kvar i ett enda lager. Täck med folie (plastfolie) och skär två gånger så att ånga kan komma ut. Koka på full effekt i 15 minuter, vänd på grytan tre gånger. Avtäck och strö över kycklingen med lök och vitlök. Blanda gradvis mjölet med vinet tills det är slätt, vispa efter behov för att ta bort klumpar. Krossa buljongen i en tärning och tillsätt salt. Häll vinblandningen över kycklingen. Omge med schalottenlök eller lök och strö över persilja och timjan. Täck som tidigare och koka i hela 20 minuter, vänd på grytan tre gånger. Låt stå i 6 minuter. Ät med kokt potatis och brysselkål.

Coq au Vin med svamp

Serverar 6

Förbered som Coq au Vin, men byt ut 125 g svamp mot schalottenlök eller picklad lök.

Coq au Cola

Serverar 6

Förbered som Coq au Vin, men ersätt vinet med Cola för att göra rätten mer barnvänlig.

Mallets med devilled beläggning

Serverar 4

15 ml/1 matsked engelsk senapspulver

10 ml/2 tsk varm curry

10 ml/2 tsk paprika

1,5 ml/¼ tesked varm cayennepeppar

2,5 ml/½ tesked salt

1 kg/2¼ lb kycklingklubbor (cirka 12)

45 ml/3 matskedar vitlökssmör

Blanda senap, curry, paprika, cayenne och salt. Använd för att belägga alla sidor av ätpinnar. Lägg i en djup skål 25 cm/10 i diameter som ekrarna på ett hjul med benändarna mot mitten. Smält smöret utan lock i 1 minut. Pensla ätpinnarna med smält smör. Täck med folie (plastfolie) och skär två gånger så att ånga kan komma ut. Koka i hela 16 minuter, vänd på grytan två gånger.

Kyckling Cacciatore

Serverar 6

En italiensk rätt som översätts till "viltkyckling".

1,5 kg / 3 lb kycklingbitar
15 ml/1 matsked olivolja
1 stor lök finhackad
1 vitlöksklyfta, krossad
30 ml/2 matskedar vanligt (all-purpose) mjöl
5 tomater, blancherade, skalade och hackade
150 ml/¼ pt/2/3 kopp varm fond
45 ml/3 matskedar tomatpuré (pasta)

15 ml/1 matsked brun bordssås

125 g svamp skuren i skivor

10 ml/2 tsk salt

10 ml/2 tsk mörkt mjukt farinsocker

45 ml/3 msk marsala eller medium torr sherry

Krämig potatis och blandad sallad till servering

Placera kycklingen i en 12-tums/12-tums ugnsform (nederländsk ugn). Täck med folie (plastfolie) och skär två gånger så att ånga kan komma ut. Koka i hela 15 minuter, vänd på grytan två gånger. Förbered under tiden såsen som vanligt. Häll oljan i en kastrull och tillsätt lök och vitlök. Stek försiktigt (låt sjuda) tills de är lätt gyllene. Rör ner mjölet och tillsätt sedan tomater, fond, tryck och brunsås. Koka under konstant omrörning tills såsen kokar och tjocknar. Blanda i alla resterande ingredienser och häll över kycklingen. Täck som tidigare och koka i hela 20 minuter, vänd på grytan tre gånger. Låt stå i 5 minuter. Serveras med krämig potatis och blandad sallad.

Kyckling chassör

Serverar 6

Förbered som kyckling Cacciatore, men ersätt Marsala eller sherry med torrt vitt vin.

Kyckling Marengo

Serverar 6

Uppfanns omkring 1800 av Napoleon Bonapartes personliga kock på slagfälten efter det österrikiska nederlaget i slaget vid Marengo nära Verona i norra Italien.

Förbered som Chicken Cacciatore, men använd bara 50g/2oz champinjoner och ersätt marsala eller sherry med torrt vitt vin. Efter att ha blandat alla återstående ingredienser, tillsätt 12-16 små urkärnade svarta oliver och 60 ml/4 msk hackad persilja.

Sesam kyckling

Serverar 4

50 g/2 oz/¼ kopp smör eller margarin, mjukat
15 ml/1 matsked mild senap
5 ml/1 tsk vitlökspuré (pasta)
5 ml/1 tsk tomatpuré (pasta)
90 ml/6 matskedar sesamfrön, lätt rostade
4 kycklingportioner, 225 g/8 oz vardera, skinnet borttaget

Grädde smör eller margarin med senap och vitlök och tomatpuré. Rör ner sesamfröna. Fördela blandningen jämnt över kycklingen. Lägg i en 25 cm/10 djup form, lämna en brunn i mitten. Koka på full effekt i 16 minuter, vänd på grytan fyra gånger. Låt stå i 5 minuter innan servering.

Kapten för landet

Serverar 6

En delikat östindisk kycklingcurry som fördes till de södra delstaterna i Nordamerika av en långresta sjökapten. Det har blivit ett slags orientalisk standby i USA.

50 g/2 oz/¼ kopp smör eller margarin

2 lökar, hackade

1 stjälk selleri, hackad

1,5 kg/3 lb kycklingleder, skinnet avlägsnat

15 ml/1 matsked vanligt (all-purpose) mjöl

15 ml/1 matsked mild curry

60 ml/4 msk mandel, blancherad, skalad, halverad och lätt rostad

1 liten grön paprika, kärnad och finhackad
45 ml/3 matskedar sultanas (gyllene russin)
10 ml/2 tsk salt
400 g/14 oz/1 stor burk tärnade tomater
5 ml/1 tsk socker
275 g/10 oz/1¼ koppar långkornigt ris, kokt

Lägg smöret eller margarinet i en 12-tums (30 cm) ugnsform (nederländsk ugn). Värm, utan lock, i hela 1½ minut. Tillsätt lök och selleri och blanda väl. Koka utan lock i 3 minuter på fullt och rör om två gånger. Tillsätt kycklingfogarna och häll i smör- och grönsaksblandningen tills den är väl täckt. Strö över mjöl, curry, mandel, peppar och sultan. Täck med folie (plastfolie) och skär två gånger så att ånga kan komma ut. Koka på fullt i 8 minuter. Blanda salt med tomater och socker. Ta av kycklingen och vänd ner tomaterna med en sked. Täck som tidigare och koka i hela 21 minuter, vänd på grytan två gånger. Låt stå i 5 minuter innan servering med ris.

Kyckling i tomat- och kaprissås

Serverar 6

6 kycklingleder, 225 g/8 oz vardera, utan skinn

Vanligt (all-purpose) mjöl

50 g/2 oz/¼ kopp smör eller margarin

3 skivor (skivor) hackad bacon

2 stora lökar, hackade

2 vitlöksklyftor, krossade

15 ml/1 matsked kapris, hackad

400 g/14 oz/1 stor burk tärnade tomater

15 ml/1 matsked mörkt mjukt farinsocker

5 ml/1 tesked torkade blandade örter

15 ml/1 matsked tomatpuré (pasta)

15 ml/1 matsked hackade basilikablad

15 ml/1 matsked hackad persilja

Pudra kycklingfogarna med mjöl. Lägg smöret eller margarinet i en 12-tums (30 cm) ugnsform (nederländsk ugn). Värm, utan lock, i hela 2 minuter. Rör ner bacon, lök, kryddnejlika och kapris. Koka utan lock i 4 minuter och rör om två gånger. Tillsätt kycklingen och rör om tills den är väl täckt med smör- eller margarinblandningen. Täck med folie (plastfolie) och skär två gånger så att ånga kan komma ut. Koka på full effekt i 12 minuter, vänd på grytan tre gånger. Avtäck och tillsätt de återstående ingredienserna, blanda väl. Täck som tidigare och koka på fullt i 18 minuter. Låt stå i 6 minuter innan servering.

Kyckling paprika

Serverar 4

Denna kycklingfantasi, uttalas paprika, är relaterad till gulasch eller gulasch, en av de mest kända ungerska rätterna.

1,5 kg / 3 lb kycklingbitar
1 stor lök, hackad
1 grön paprika, kärnad och hackad
1 vitlöksklyfta, krossad
30 ml/2 matskedar majsolja eller smält ister
45 ml/3 matskedar vanligt (all-purpose) mjöl
15 ml/1 tsk paprika
300 ml/½ punkt/1¼ koppar varm kycklingfond
30 ml/2 matskedar tomatpuré (pasta)
5 ml/1 tsk mörkt farinsocker
2,5 ml/½ tesked spiskummin
5 ml/1 tsk salt
150 ml/5 fl oz/2/3 kopp crème fraîche

Små pastaformer, kokta

Lägg kycklingbitarna i en 12-tums (30 cm) ugnsform (nederländsk ugn). Täck med folie (plastfolie) och skär två gånger så att ånga kan komma ut. Koka i hela 15 minuter, vänd på grytan två gånger. Förbered under tiden såsen som vanligt. Lägg lök, paprika, vitlök och olja i en kastrull (panna) och fräs försiktigt (låt sjuda) tills grönsakerna mjuknat men inte får färg. Blanda i mjöl och paprika, blanda sedan gradvis i buljongen. Koka upp under konstant omrörning. Rör ner resterande ingredienser förutom crème fraîche och pasta. Avtäck kycklingen och täck den med såsen, tillsätt saften som redan finns i skålen. Toppa med skedar crème fraîche. Täck som tidigare och koka i hela 20 minuter, vänd på grytan tre gånger. Servera med liten pasta.

Nyanser av kycklingen i öst

Serverar 6-8

Indiska och indonesiska influenser och smaker möts i detta exceptionellt spektakulära kycklingrecept.

15 ml/1 matsked jordnötsolja

3 medelstora lökar, hackade

2 vitlöksklyftor, krossade

900g/2lb benfritt kycklingbröst, skalat och skuret i tunna strimlor

15 ml/1 matsked majsmjöl (majsstärkelse)

60 ml/4 matskedar knaprigt jordnötssmör

150 ml/¼ pt/2/3 koppar vatten

7,5 ml/1 ½ tsk salt

10 ml/2 tsk fin currypasta

2,5 ml/½ tsk mald koriander (koriander)

2,5 ml/½ tsk mald ingefära

Frön från 5 kardemummaskidor

60 ml/4 matskedar saltade jordnötter, grovt hackade

2 tomater, skurna i månar

Värm oljan i en 25 cm/10 kastrull (nederländsk ugn), utan lock, på full värme i 1 minut. Tillsätt lök och vitlök och koka utan lock i 3 minuter, rör om två gånger. Rör ner kycklingen och koka utan lock i 3 minuter på hög nivå, rör om med en gaffel varje minut för att separera. Strö över majsmjöl. Tillsätt alla övriga ingredienser utom jordnötter och tomater. Täck med folie (plastfolie) och skär två gånger så att ånga kan komma ut. Koka på full effekt i 19 minuter, vänd på rätten fyra gånger. Låt stå i 5 minuter. Rör om och garnera med jordnötter och tomatskivor innan servering.

Nasi goreng

Serverar 6

En holländsk-indonesisk specialitet.

175 g/6 oz/¾ kopp lätt kokt långkornigt ris

50 g/2 oz/¼ kopp smör eller margarin

2 lökar, hackade

2 purjolök, endast den vita delen, skivad mycket tunt

1 grön chili, kärnad och hackad (valfritt)

350 g/12 oz/3 koppar kall kokt kyckling, grovt hackad

30 ml/2 matskedar sojasås

1 klassisk omelett skuren i strimlor

1 stor tomat, skuren i klyftor

Koka riset enligt anvisningarna på förpackningen. Låt svalna. Lägg smöret eller margarinet i en 25 cm/10 ugnsform (nederländsk ugn). Värm, utan lock, i en hel minut. Rör ner lök, purjolök och chili, om du använder. Koka utan lock i 4 minuter på fullt. Rör ner ris, kyckling och soja. Täck med en tallrik och koka på fullt i 6-7 minuter, rör om tre gånger, tills den är genomvärmd. Dekorera med ett korsmönster av omelettremsor och tomatringar.

Ugnsbakad kalkon

SERVERA 6

1 kalkon, storlek efter behov (tillåt 350 g/12 oz okokt vikt per person)
Det räcker

Täck ändarna på vingarna och benens ändar med folie. Lägg kalkonen, med bröstsidan nedåt, i en skål som är tillräckligt stor för att passa inuti. Oroa dig inte om kroppen går över kanten. Täck med folie (plastfolie) och stick hål 4 gånger. Koka på fullt i 4 minuter per 450g/1lb. Ta ut ur ugnen och vänd försiktigt fågeln så att bröstet är helt uppe. Belägg den tjockt med bast, medan om fågeln är vanlig, använd fet, och om kalkonen steker sig själv, inte fet. Täck som tidigare och koka på fullt i ytterligare 4 minuter vid 450g/1lb. Överför till en skärskål och täck med aluminiumfolie. Låt stå i 15 minuter och skär sedan.

Spanska Turkiet

Serverar 4

30 ml/2 matskedar olivolja
4 benfria kalkonbröst, 175 g/6 oz vardera
1 lök, hackad
12 fyllda oliver, hackade
2 hårdkokta ägg (sidorna 98–9), skalade och hackade
30 ml/2 matskedar hackad gurka (cornichons)
2 tomater, tunt skivade

Hetta upp oljan i en djup 20 cm/8 gryta i en kastrull utan lock på full effekt i 1 minut. Tillsätt kalkonen och belägg väl med olja för att täcka båda sidor ordentligt. Blanda löken, oliverna, äggen och gurkan och skeda jämnt över kalkonen. Garnera med tomatskivor. Täck med folie (plastfolie) och skär två gånger så att ånga kan komma ut. Koka på full effekt i 15 minuter, vänd på grytan fem gånger. Låt stå i 5 minuter innan servering.

Turkiet tacos

Serverar 4

För tacos:

450 g/1 lb/4 koppar malen kalkon

1 liten lök, hackad

2 vitlöksklyftor, krossade

5 ml/1 tsk kumminfrön, malda efter behov

2,5–5 ml/½–1 tesked chilipulver

30 ml/2 matskedar hackade korianderblad.

5 ml/1 tsk salt

60 ml/4 matskedar vatten

4 stora köpta tortillas

Strimlad sallad

För att dekorera avokadon:

1 stor mogen avokado

15–20 ml/3–4 tsk varm salsa i butik

Saften av 1 lime

Salt

60 ml/4 matskedar sur (mjölksur) grädde

För att göra tacos, täck botten av ett 20 cm/8 cm fat med kalkon. Täck med en tallrik och koka i 6 minuter. Bryt kornen av köttet med en gaffel. Blanda i alla resterande ingredienser utom tortillan och salladen. Täck med folie (plastfolie) och skär två gånger så att ånga kan komma ut. Koka på full effekt i 8 minuter, vänd på grytan fyra gånger. Låt stå i 4 minuter. Blanda noggrant. Lägg en lika stor mängd kalkonblandning ovanpå tortillorna, tillsätt lite sallad och rulla ihop. Lägg över till en skål och håll varmt.

För att förbereda avokadodressingen, skär avokadon på mitten, gröp ur fruktköttet och mosa det fint. Rör ner salsa, limejuice och salt. Överför tacosen till fyra uppvärmda tallrikar, lägg avokadoblandningen och 15 ml/1 tsk gräddfil på varje. Ät nu.

Pannkaka tacos

Serverar 4

Förbered som för Turkiettacos, men ersätt fyra stora hemgjorda pannkakor med köpta tortillas.

Kalkonlimpa

Serverar 4

450g/1lb råmalen (malen) kalkon
1 vitlöksklyfta, krossad
30 ml/2 matskedar vanligt (all-purpose) mjöl
2 stora ägg, vispade
10 ml/2 tsk salt
10 ml/2 tsk torkad timjan
5 ml/1 tsk Worcestershiresås
20 ml/4 tsk mald muskotnöt
Oskalad potatis
Kokt blomkål
Ostsås

Blanda kalkon, vitlök, mjöl, ägg, salt, timjan, Worcestershiresås och muskotnöt. Forma en limpa med en diameter på 15 cm med fuktade händer. Överför till en djup skål, täck med folie (plastfolie) och skär två gånger så att ånga kan komma ut. Koka på fullt i 9 minuter. Låt stå i 5 minuter. Skär i fyra portioner och servera med potatis i skalet och blomkål, som är överdragen med ostsås och traditionellt rostad under grillen (broiler).

Anglo-Madras Turkiet Curry

Serverar 4

Ett användbart recept för att använda överbliven julkalkon.

30 ml/2 matskedar majs- eller solrosolja

1 stor lök, mycket tunt skivad

1 vitlöksklyfta, krossad

30 ml/2 matskedar russin

30 ml/2 teskedar torkad (riven) kokos

25 ml/1½ tsk vanligt (all-purpose) mjöl

20 ml/4 tsk varm curry

300 ml/½ pt/1¼ koppar kokande vatten

30 ml/2 matskedar enkel (lätt) grädde

2,5 ml/½ tesked salt

Saften av ½ citron

350 g/12 oz/3 koppar kallkokt kalkon, tärnad

Indiskt bröd, blandad sallad och chutney till servering

Häll oljan i en skål med 1,5 L/2½ pt/6 koppar med lök, vitlök, russin och kokos. Blanda väl. Koka utan lock i 3 minuter på fullt. Blanda mjöl, curry, vatten, grädde, salt, citronsaft och kalkon. Täck med en plåt och koka i hela 6–7 minuter, rör om två gånger, tills curryn tjocknar och bubblar. Låt stå i 3 minuter. Blanda och servera med indiskt bröd, sallad och chutney.

Frukt kalkon curry

Serverar 4

30 ml/2 matskedar smör eller margarin
10 ml/2 tsk olivolja
2 lökar, hackade
15 ml/1 matsked mild curry
30 ml/2 matskedar vanligt (all-purpose) mjöl
150 ml/¼ pt/2/3 kopp enkel (lätt) grädde
90 ml/6 matskedar vanlig yoghurt i grekisk stil
1 vitlöksklyfta, krossad
30 ml/2 matskedar tomatpuré (pasta)
5 ml/1 tsk garam masala
5 ml/1 tsk salt
Saften av 1 liten lime
4 bords (dessert) äpplen, skalade, urkärnade, delade i fjärdedelar och tunt skivade
30 ml/2 matskedar av valfri fruktchutney
450 g/1 lb/4 koppar kallkokt kalkon, tärnad

Lägg smör eller margarin och olja i en 25 cm/10 ugnsform (nederländsk ugn). Värm, utan lock, i hela 1½ minut. Rör ner löken. Koka utan lock i 3 minuter på fullt och rör om två gånger. Rör ner curry, mjöl, grädde och yoghurt. Koka utan lock i 2 minuter på fullt. Tillsätt alla resterande ingredienser. Täck med en tallrik och koka på fullt i 12-14 minuter, rör om var 5:e minut, tills den är genomvärmd.

Kalkonpaj med bröd och smör

Serverar 4

75 g/3 oz/3⁄8 kopp smör eller margarin

60 ml/4 skedar riven parmesanost

2,5 ml/½ tesked torkad timjan

1,5 ml/¼ tesked torkad salvia

5 ml/1 tsk rivet citronskal

4 stora skivor vitt eller brunt bröd

1 lök, hackad

50 g svamp skuren i skivor

45 ml/3 matskedar vanligt (all-purpose) mjöl

300 ml/½ punkt/1¼ koppar varm kycklingfond

15 ml/1 matsked citronsaft

45 ml/3 matskedar enkel (lätt) grädde

225 g/8 oz/2 koppar kall kokt tärnad kyckling

Salt och nymalen svartpeppar

Grädde hälften av smöret eller margarinet med ost, timjan, salvia och citronskal. Bred på brödet och skär sedan varje skiva i fyra trianglar. Lägg resterande smör eller margarin i en djup form med en diameter på 20 cm/8. Värm, utan lock, i hela 1½ minut. Tillsätt lök och svamp. Koka utan lock i 3 minuter på fullt och rör om två gånger. Blanda i mjölet och blanda sedan gradvis i buljong, citronsaft och grädde. Rör ner kycklingen och smaka av. Täck med en plåt och värm i hela 8 minuter, rör om tre gånger, tills den är genomvärmd. Ta bort från mikrovågsugnen. Lägg smörade trianglar ovanpå och stek på en het grill (broiler).

Kalkon- och risgrytor med fyllning

Serverar 4–5

225 g/8 oz/1 kopp lätt kokt långkornigt ris
300 ml/10 fl oz/1 burk kondenserad gräddsvampsoppa
300 ml/½ pt/1¼ koppar kokande vatten
225 g/8 oz/2 koppar majs (majs)
50 g/2 oz/½ kopp hackade osaltade valnötter
175 g/6 oz/1½ koppar kokt kalkon, tärnad
50 g/2 oz kall fyllning, kuber
Coleslaw, att servera

Lägg alla ingredienser utom fyllningen i en skål på 1,75 liter/3 pt/7½ kopp. Blanda noggrant. Täck med folie (plastfolie) och skär två gånger så att ånga kan komma ut. Koka på fullt i 25 minuter. Avtäck och kasta med en gaffel för att fluffa riset. Lägg den kalla fyllningen ovanpå. Täck med en tallrik och koka helt i 2 minuter. Låt stå i 4 minuter. Fluffa upp igen och ät kålsalladen.

Kalkonbröst med apelsinglasyr

Serverar 4–6

För små familjer som vill ha en festmåltid med minimalt med rester.

40 g/1½ oz/3 msk smör

15 ml/1 matsked tomatketchup

10 ml/2 tsk svart melass (melass)

5 ml/1 tsk paprika

5 ml/1 tsk Worcestershiresås

Finrivet skal från 1 satsuma eller clementin

En nypa mald kryddnejlika

1,5 ml/¼ tesked mald kanel

1 helt kalkonbröst, ca 1 kg/2¼ lb

Blanda alla ingredienser utom kalkonen noggrant i en skål. Värm, utan lock, för att tina i 1 minut. Lägg kalkonbröstet i en 25 cm/10 (nederländsk ugnsform) och pensla med hälften av marinaden. Täck med folie (plastfolie) och skär två gånger så att ånga kan komma ut. Koka på fullt i 10 minuter. Vänd på kalkonbröstet och gnugga in det med resterande kryddor. Täck som tidigare och koka på fullt i ytterligare 10 minuter, vänd på grytan tre gånger. Låt sitta i 7-10 minuter innan du skär.

Sötsyrlig anka

Serverar 4

1 anka, ca 2,25 kg/5 lb, tvättad och torkad
45 ml/3 msk mangochutney
Böngroddar
175 g/6 oz/¾ kopp brunt ris, kokt

Placera ankan upp och ner på en uppåtvänd teplatta i en 25 cm/10-tums (nederländsk ugn) ugnsform. Täck med folie (plastfolie) och skär två gånger så att ånga kan komma ut. Koka på fullt i 20 minuter. Avtäck och häll försiktigt av fettet och saften. Vänd på ankan och gnugga in bröstet med chutney. Täck som tidigare och koka på fullt i ytterligare 20 minuter. Skär i fyra portioner och servera med böngroddar och ris.

Duck Canton

Serverar 4

45 ml/3 matskedar slät aprikossylt (konservera)
30 ml/2 matskedar kinesiskt risvin
10 ml/2 tsk fin senap
5 ml/1 tsk citronsaft
10 ml/2 tsk sojasås
1 anka, ca 2,25 kg/5 lb, tvättad och torkad

Lägg aprikossylt, risvin, senap, citronsaft och soja i en liten skål. Värm på fullt i 1-1½ minut och rör om två gånger. Placera ankan upp och ner på en uppåtvänd teplatta i en 25 cm/10-tums (nederländsk ugn) ugnsform. Täck med folie (plastfolie) och skär två gånger så att ånga kan komma ut. Koka på fullt i 20 minuter. Avtäck och häll försiktigt av fettet och saften. Vänd på ankan och gnid in brösten med aprikospeppar. Täck som tidigare och koka på fullt i 20 minuter. Skär i fyra delar och servera.

Anka med apelsinsås

Serverar 4

En lyx av högsta klass, lättlagad i mikrovågsugn på en bråkdel av den tid det normalt tar. Garnera med vattenkrasse och färska apelsinskivor till festdekoration.

1 anka, ca 2,25 kg/5 lb, tvättad och torkad

Till såsen:

Finrivet skal av 1 stor apelsin

Saft från 2 apelsiner

30 ml/2 matskedar finriven citronmarmelad

15 ml/1 msk rödvinbärsgelé (genomskinlig plåt)

30 ml/2 matskedar apelsinlikör

5 ml/1 tsk sojasås

10 ml/2 tsk majsmjöl (majsstärkelse)

Placera ankan upp och ner på en uppåtvänd teplatta i en 25 cm/10-tums (nederländsk ugn) ugnsform. Täck med folie (plastfolie) och skär två gånger så att ånga kan komma ut. Koka på fullt i 20 minuter. Avtäck och häll försiktigt av fettet och saften. Vänd ankan. Täck som tidigare och koka på fullt i 20 minuter. Skär i fjärdedelar, lägg över i ett serveringsfat och håll varmt. Skumma fettet från matlagningsjuicen.

För att göra såsen, lägg alla ingredienser utom majsmjölet i en måttbägare. Tillsätt den skummade matlagningsjuicen. Fyll upp till 300 ml/½ pt/1¼ kopp med varmt vatten. Blanda majsmjölet till en tunn pasta med några matskedar kallt vatten. Tillsätt till kanna och blanda noggrant. Koka utan lock på fullt i 4 minuter och rör om tre gånger. Häll över ankan och servera genast.

Anka i fransk stil

Serverar 4

1 anka, ca 2,25 kg/5 lb, tvättad och torkad

12 urkärnade plommon

1 stjälk selleri, finhackad

2 vitlöksklyftor, krossade

Till såsen:

300 ml/½ pt/1¼ koppar torr äppelcider

5 ml/1 tsk salt

10 ml/2 tsk tomatpuré (pasta)

30 ml/2 matskedar crème fraîche

15 ml/1 matsked majsmjöl (majsstärkelse)

Kokt tagliatelle till servering

Placera ankan upp och ner på en uppåtvänd teplatta i en 25 cm/10-tums (nederländsk ugn) ugnsform. Ordna katrinplommon, selleri och vitlök runt ankan. Täck behållaren med folie (plastfolie) och skär den två gånger så att ånga kan komma ut. Koka på fullt i 20 minuter. Avtäck och häll försiktigt av, spara fett och juice. Vänd ankan. Täck som tidigare och koka på fullt i 20 minuter. Skär i fjärdedelar, lägg över i ett serveringsfat och håll varmt. Skumma fettet från matlagningsjuicen.

För att förbereda såsen, placera cidern i en måttbägare. Vispa i salt, tomatpuré, crème fraîche, skummad matlagningsjuice och majsmjöl. Koka utan lock på hög temperatur i 4-5 minuter tills det tjocknat och bubbligt, vispa varje minut. Häll över anka och katrinplommon och tillsätt tagliatelle.

Baka benfria och rullade köttbitar

Placera fogen med skinnsidan uppåt på ett speciellt mikrovågsstativ stående i en stor skål. Täck med en bit matfilm (plast). Tillåt följande tillagningstider för varje 450g/1lb:

- Fläsk - 9 minuter
- Skinka - 9 minuter
- Lamm - 9 minuter
- Nötkött - 6-8 minuter

Vänd pannan var 5:e minut för att tillaga jämn, samtidigt som du skyddar händerna med handskar. Låt den vila i 5-6 minuter halvvägs genom gräddningstiden. I slutet av tillagningen, överför skarven till en skärbräda och täck med dubbeltjock aluminiumfolie. Låt vila i 5-8 minuter, beroende på storlek, innan du skär.

Sötsyrliga fläskkotletter med apelsin och lime

Serverar 4

4 fläskkotletter, 175 g/6 oz vardera efter putsning
60 ml/4 matskedar tomatketchup (catsup)
15 ml/1 matsked teriyakisås
20 ml/4 teskedar maltvinäger
5 ml/1 tsk finrivet limeskal
Saft från 1 apelsin
1 vitlöksklyfta, pressad (valfritt)
350 g/12 oz/1½ koppar brunt ris, kokt

Lägg kotletterna i en djup form med en diameter på 25 cm/10. Vispa ihop alla resterande ingredienser utom riset och blanda kotletterna med en sked. Täck med folie (plastfolie) och skär två gånger så att ånga kan komma ut. Koka på full effekt i 12 minuter, vänd på grytan fyra gånger. Låt stå i 5 minuter innan servering med brunt ris.

Köttfärslimpa

Serverar 8-10

Beprövad och verifierad mångsidig familjeterrin. Den är utmärkt serverad varm, skivad i klyftor med sås eller portugisisk sås eller rustik tomatsås och toppad med krämig potatis eller makaroner och diverse grönsaker. Alternativt ät den kall med en rik majonnäs eller salladsdressing och en sallad. Skiva tunt till smörgåsar och använd som fyllning med sallad, hackad vårlök och tomater, eller servera med babygurkor (cornichons) och spannmålsbröd, som en klassisk fransk förrätt.

125 g/4¾ oz/3½ skivor ljust vitt bröd

450g/1lb magert malet nötkött

450 g/1 lb/4 koppar malen (malen) kalkon

10 ml/2 tsk salt

3 vitlöksklyftor, krossade

4 stora ägg, vispade

10 ml/2 tsk Worcestershiresås

10 ml/2 tsk mörk sojasås

10 ml/2 tsk senap

Smörj ett djupt fat med en diameter på 23 cm/9 lätt. Smula brödet i en matberedare. Tillsätt alla resterande ingredienser och pulsera tills blandningen går ihop. (Undvik överblandning, limpan blir tung och tät.) Bred ut i den förberedda rätten. Vi trycker in en barnsyltkopp (sylt) eller en äggkopp med rak sida in i mitten så att köttblandningen bildar en ring. Täck med folie (plastfolie) och skär två gånger så att ånga kan komma ut. Koka på full effekt i 18 minuter, vänd på grytan två gånger. Limpan dras bort från skålens sidor. Om den serveras varm, låt stå i 5 minuter.

Kalkon och korvkött

Serverar 8-10

Förbered som Meat Loaf, men ersätt malet (malet) nötkött med 450g/1lb nötkött eller fläsk. Koka på full effekt i 18 minuter istället för 20 minuter.

Fläskkotletter med dragkedja

Serverar 4

4 fläskkotletter, 175 g/6 oz vardera efter putsning
30 ml/2 matskedar smör eller margarin
5 ml/1 tsk paprika
5 ml/1 tsk sojasås
5 ml/1 tsk Worcestershiresås

Lägg kotletterna i en djup form med en diameter på 25 cm/10. Smält smöret eller margarinet i upptiningsläget i 1½ minut. Vispa resterande ingredienser och häll över kotletterna. Täck med folie (plastfolie) och skär två gånger så att ånga kan komma ut. Koka på full effekt i 9 minuter, vänd på rätten fyra gånger. Låt stå i 4 minuter.

Hawaiian griskött och ananas gryta

Serverar 6

Delikatess, mjukhet och en delikat smak kännetecknar detta kött- och fruktrecept från den tropiska ön Hawaii.

15 ml/1 matsked jordnötsolja

1 finhackad lök

2 vitlöksklyftor, krossade

900g/2lb fläskfilé, tärnad

15 ml/1 matsked majsmjöl (majsstärkelse)

400 g/14 oz/3½ koppar konserverad krossad ananas i naturlig juice

45 ml/3 matskedar sojasås

5 ml//1 tsk mald ingefära

Nymalen svartpeppar

Olja botten och sidorna av en djup tallrik med en diameter på 23 cm/9. Tillsätt lök och vitlök och koka utan lock i 3 minuter. Blanda i fläsk, majsmjöl, ananas och juice, soja och ingefära. Krydda med peppar. Lägg i en ring runt skålens innerkant, lämna en liten fördjupning i mitten. Täck med folie (plastfolie) och skär två gånger så att ånga kan komma ut. Koka på full effekt i 16 minuter, vänd på grytan fyra gånger. Låt stå i 5 minuter och rör sedan om innan servering.

Hawaiiansk gammon- och ananasgryta

Serverar 6

Förbered som för Hawaiian fläsk- och ananasgryta, men ersätt fläsket med orökta och möra gammonkuber.

Festlig Gammon

Serverar 10-12

Perfekt för en jul- eller nyårsbuffé, mikrovågsugn gammon är fuktig och saftig och skär vackert. Detta är den maximala storleken för ett tillfredsställande resultat.

Gammon led, maxvikt 2,5 kg/5½ lb

50 g/2 oz/1 kopp rostat brödsmulor

Hela kryddnejlika

Ledningen tillagas först på ett konventionellt sätt för att minska sältan. Lägg gammon i en stor gryta, täck med kallt vatten, koka upp och låt rinna av. Upprepa. Väg den avrunna skarven och låt den koka på full i 8 minuter vid 450g/1lb. Placera fogen direkt på en glasbricka i mikron eller placera den i en stor grund behållare. Om det är en smal ände, slå in den i en bit folie för att förhindra överkokning. Täck gammonen med hushållspapper och koka i halva tillagningstiden. Låt stå i mikron i 30 minuter. Ta bort folien, om den används, vänd skarven och täck med hushållspapper. Avsluta tillagningen och låt stå i ytterligare 30 minuter. Överför till en tallrik. Ta bort skinnet, skär fettet i diamanter och strö sedan över ströbröd. Pierce varje diamant med en kryddnejlika.

Glaserad Gala Gammon

Serverar 10-12

Gammon led, maxvikt 2,5 kg/5½ lb
50 g/2 oz/1 kopp rostat brödsmulor
Hela kryddnejlika
60 ml/4 msk demerara socker
10 ml/2 tsk senapspulver
60 ml/4 matskedar smör eller margarin, smält
5 ml/1 tsk Worcestershiresås
30 ml/2 matskedar vit druvjuice
Cocktail körsbär

Förbered som Festlig Gammon, men nåla fast varje reservdiamant med en kryddnejlika. För att göra glasyren, blanda socker, senap, smör eller margarin, Worcestershiresås och druvjuice. Lägg gammon i en ugnsform och täck med glasyren. Koka skarven som vanligt vid 190°C/375°F/gasmark 5 i 25-30 minuter tills fettet är gyllenbrunt. Pierce de återstående feta diamanterna med cocktailkörsbär spetsade på cocktailpinnar (tandpetare).

Paella med spansk salami

Serverar 6

Förbered som för paella, men byt ut kycklingen mot grovhackad salami.

Köttbullar i svensk stil

Serverar 4

Känd som kottbullar är det en av Sveriges nationalrätter, serverad med kokt potatis, tranbärssås, skysås och en blandad sallad.

75 g/3 oz/1½ koppar färskt vitt ströbröd

1 finhackad lök

225 g/8 oz/2 koppar magert malet (malet) fläsk

225 g/8 oz/2 koppar malet nötkött

1 stort ägg

2,5 ml/½ tesked salt

175 ml/6 fl oz/1 liten burk evaporerad mjölk

2,5 ml/½ tsk mald kryddpeppar

25 g/1 oz/2 msk margarin

Blanda noggrant alla ingredienser utom margarin. Forma 12 bollar av samma storlek. Värm ugnsformen i mikrovågsugnen enligt instruktionerna på sidan 14 eller i bruksanvisningen som följde med din kokkärl eller mikrovågsugn. Tillsätt margarinet och, med händerna skyddade av kökshandskar, virvla skålen tills botten är helt täckt. Det kommer också att fräsa vid denna tidpunkt. Lägg i köttbullarna och vänd omedelbart till att få färg överallt. Täck med folie (plastfolie) och skär två gånger så att ånga kan komma ut. Koka i hela 9½ minuter, vänd på grytan fyra gånger. Låt stå i 3 minuter innan servering.

Helstekt fläsk med knäck

Förvånansvärt krispigt skinn på fläsket tack vare den långa tillagningstiden.

Välj en benbit som tillåter 175g/6oz per person. Skär huden djupt med en kniv och strö tjockt över salt och peppar. Placera fogen med skinnsidan uppåt på ett speciellt mikrovågsstativ stående i en stor skål. Täck med en bit pergament. Öppna steken så här och vänta 9 minuter för varje 450g/1lb. Vänd pannan var 5:e minut för att tillaga jämn, samtidigt som du skyddar händerna med handskar. Låt vila i 6 minuter halvvägs genom tillagningstiden. I slutet av tillagningen, överför skarven till en skärbräda och täck med dubbeltjock aluminiumfolie. Låt stå i 8 minuter innan du skär och servera med grönsaker och salvia- och lökfyllning.

Helstekt fläsk med honung

Förbered som stekt fläsk med knäck, men innan du strö över salt och peppar, pensla med en bas av 90ml/6 msk mörk klar honung blandat med 20ml/1 tsk senap och 10ml/2 tsk Worcestershiresås.

Fläskkotletter med rödkål

Serverar 4

En vinteraffär, när glas och burkar med rödkål fyller hyllorna vid jul. Ät med gräddpotatis och mosad palsternacka.

450 g / 1 lb kokt rödkål

4 tomater, blancherade, skalade och hackade

10 ml/2 tsk salt

4 fläskkotletter, 175 g/6 oz vardera efter putsning

10 ml/2 tsk sojasås

2,5 ml/½ tesked vitlökssalt

2,5 ml/½ tsk paprika

15 ml/1 matsked mörkt mjukt farinsocker

Ordna kålen på botten av en 20 cm/8 ugnsform (nederländsk ugn). Blanda tomater och salt och lägg kotletterna ovanpå. Täck med sojasås och strö över resten av ingredienserna. Täck med folie (plastfolie) och skär två gånger så att ånga kan komma ut. Koka i hela 15 minuter, vänd på pannan fyra gånger. Låt stå i 4 minuter innan servering.

Fläskfilé i romersk stil

Serverar 4

15 ml/1 matsked olivolja

1 liten lök, hackad

1 vitlöksklyfta, krossad

4 skivor fläskfilé, 125 g/4 oz vardera, mycket tunna

60 ml/4 matskedar tomatjuice

5 ml/1 tsk torkad oregano

125 g mozzarellaost, skuren i skivor

30 ml/2 skedar kapris

Polenta

Häll oljan i en djup form med en diameter på 25 cm/10. Värm på full effekt i 1 minut. Rör ner löken och vitlöken. Koka utan lock i 4 minuter och rör om två gånger. Lägg till fläsket i skålen i ett enda lager. Koka utan lock i 2 minuter på fullt. Vänd och koka i ytterligare 2 minuter. Ringla över tomatjuice och oregano, arrangera mozzarellaskivor ovanpå och strö sedan över kapris. Täck med folie (plastfolie) och skär två gånger så att ånga kan komma ut. Koka på hög i 2-3 minuter eller tills osten smält. Låt stå i 1 minut innan servering med polenta.

Fläskfilé och grönsaksgryta

Serverar 6-8

15 ml/1 matsked solros- eller majsolja

1 lök, riven

2 vitlöksklyftor, krossade

675 g/1½lb fläskfilé, skuren i 1,5 cm/¾ skivor

30 ml/2 matskedar vanligt (all-purpose) mjöl

5 ml/1 tsk torkad mejram

5 ml/1 tsk finrivet apelsinskal

200g/7oz/1¾ koppar konserverade eller tinade frysta blandade ärtor och morötter

200 g/7 oz/1 ½ koppar majs (majs)

300 ml/½ punkt/1¼ kopp rosévin

150 ml/¼ pt/2/3 kopp varmt vatten

5 ml/1 tsk salt

Häll olja i en 2-quart/3½-quart/8½-kopps ugnsform (nederländsk ugn). Värm, utan lock, i en hel minut. Rör ner löken och vitlöken. Koka utan lock i 4 minuter och rör om två gånger. Tillsätt fläsket. Täck skålen med en tallrik och koka på full i 4 minuter. Blanda i mjölet, se till att köttbitarna är väl belagda. Tillsätt alla övriga ingredienser utom salt. Täck med folie (plastfolie) och skär två gånger så att ånga kan komma ut. Koka på full effekt i 17 minuter, vänd på grytan fyra gånger. Låt stå i 5 minuter innan du smakar av med salt och serverar.

Chili fläskkotletter

Serverar 4

4 fläskkotletter, 225 g styck, fettfria

10 ml/2 tsk chili eller cajunpeppar

5 ml/1 tsk vitlökspulver

400 g/14 oz/1 stor burk röda kidneybönor, avrunnen

400 g/14 oz/1 stor burk tärnade tomater

30 ml/2 msk hackad färsk koriander (koriander)

2,5 ml/½ tesked salt

Lägg kotletterna i en djup form med en diameter på 30 cm/12. Strö över peppar och vitlökspulver. Täck med folie (plastfolie) och skär två gånger så att ånga kan komma ut. Koka i hela 8 minuter, vänd på grytan två gånger. Avtäck och täck med bönor och tomater med juice. Strö över koriander och salt. Täck som tidigare och koka i hela 15 minuter, vänd 3 gånger. Låt stå i 5 minuter innan servering.

Fläsk med chutney och mandariner

Serverar 4

4 fläskkotletter, 225 g styck, fettfria

350g/12oz/1 stor burk Mandarinsegment i lätt sirap

5 ml/1 tsk paprika

20 ml/4 tsk sojasås

45 ml/3 msk fruktchutney, hackad efter behov

2 vitlöksklyftor, krossade

Curry ris

Lägg kotletterna i en djup form med en diameter på 30 cm/12. Häll av mandarinerna, reservera 30 ml/2 msk sirap och dela frukten i kotletter. Vispa den reserverade sirapen med de övriga ingredienserna förutom riset och en sked för mandarinerna. Täck med folie (plastfolie) och skär två gånger så att ånga kan komma ut. Koka på full effekt i 20 minuter, vänd på grytan fyra gånger. Låt stå i 5 minuter och servera sedan med ris.

"Grillade" revben

Serverar 4

1 kg/2¼ lb kött fläsk revbensspjäll eller revbensspjäll
50 g/2 oz/¼ kopp smör eller margarin
15 ml/1 matsked tomatketchup
10 ml/2 tsk sojasås
5 ml/1 tsk paprika
1 vitlöksklyfta, krossad

5 ml/1 tsk varm chilisås

Tvätta och torka fläsket och dela det i enskilda revben. Ordna i den största runda, grunda skålen som passar bekvämt i mikrovågsugnen, med den smala delen av varje revben mot mitten. Täck med folie (plastfolie) och skär två gånger så att ånga kan komma ut. Koka i hela 10 minuter, vänd på grytan tre gånger. För att göra basen, blanda de återstående ingredienserna i en skål och värm, utan lock, i 2 minuter för att tina. Avtäck revbenen och häll försiktigt av fettet. Bred ut med ungefär hälften av kärnmjölken. Koka utan lock i 3 minuter på fullt. Vänd med en tång och gnid in med resterande peppar. Koka utan lock i 2 minuter på fullt. Låt stå i 3 minuter innan servering.

Cikoria insvept i skinka i ostsås

Serverar 4

I Belgien, ursprungslandet, kallas chicorées au jambon. Silvervita grönsaker inslagna i skinka och täckta med en enkel ostsås är ett gastronomiskt mästerverk.

8 cikoriahuvuden (belgisk endive), cirka 1 kg/2¼ lb totalt
150 ml/¼ pt/2/3 kopp kokande vatten
15 ml/1 matsked citronsaft
8 stora skivor kokt skinka

600 ml/1 pt/2½ koppar mjölk
50 g/2 oz/¼ kopp smör eller margarin
45 ml/3 matskedar vanligt (all-purpose) mjöl
175 g riven Eidamost
Salta och nymalen peppar
Chips (pommes frites) till servering

Trimma cikoria, ta bort eventuella blåmärken eller skadade yttre blad, och skär en konformad bit från botten av varje för att förhindra en bitter smak. Ordna huvudena som ekrarna på ett hjul i en 30 cm/12 djup tallrik. Täck med vatten och citronsaft. Täck med folie (plastfolie) och skär två gånger så att ånga kan komma ut. Koka i hela 14 minuter, vänd på grytan två gånger. Låt stå i 5 minuter, låt sedan rinna av ordentligt. Tvätta och torka disken. När cikoria är ljummen, vira en skiva skinka runt varje och lägg tillbaka till skålen. Häll mjölken i en kanna och värm den utan lock i 3 minuter på full värme. Häll smöret eller margarinet i en 1,2 liters/2 pt/5 kopparskål och smält i 1 minut. Rör ner mjölet och rör sedan gradvis i den varma mjölken. Koka utan lock på hög temperatur i 5-6 minuter, vispa varje minut tills såsen är bubbel och tjocknat. Blanda i osten och smaka av. Häll jämnt över cikoria och skinka. Täck med en plåt och värm till Full i 3 minuter. Låt stå i 3 minuter. Stek på en varm grill (broiler) efter behov, servera sedan med pommes frites.

Fläsk revbensspjäll i en klibbig apelsin barbecuesås

Serverar 4

1 kg/2¼ lb kött fläsk revbensspjäll eller revbensspjäll

30 ml/2 matskedar citronsaft

30 ml/2 matskedar sojasås

5 ml/1 tsk japanskt wasabipulver

15 ml/1 matsked Worcestershiresås

300 ml/½ pt/1¼ koppar färskpressad apelsinjuice

30 ml/2 matskedar mörk apelsinmarmelad

10 ml/2 tsk senap

1 vitlöksklyfta, krossad
Kinesiska nudlar, kokta, för servering
Några skivor apelsin till dekoration

Lägg revbenen i en stor grund skål. Täck med folie (plastfolie) och skär två gånger så att ånga kan komma ut. Koka i hela 7 minuter, vänd på grytan två gånger. Avtäck och häll försiktigt av fettet. Vispa resterande ingredienser förutom nudlarna och häll över revbenen. Täck löst med hushållspapper och koka i hela 20 minuter, vänd på pannan fyra gånger och tråckla varje gång med såsen. Ät med kokta kinesiska nudlar och apelsinskivor serveras separat.

Biff och svamppudding

Serverar 4

Denna gamla engelska skatt fungerar som en dröm i mikrovågsugnen, medan talgdegen (pastan) beter sig precis som den ska. Tricket är att använda förkokt kött, som hemlagad gryta eller konserverat kött, eftersom kuber av rått kött tenderar att stelna i mikron när de tillagas med vätska.

Till bakverket:
175 g/6 oz/1½ koppar självhöjande mjöl
2,5 ml/½ tesked salt

50 g/2 oz/½ kopp strimlat nötkött eller vegetabiliskt talg

90 ml/6 matskedar kallt vatten

För fyllningen:

450g/1lb gryta med sås

125g/4oz svamp

För att förbereda degen, sikta mjöl och salt i en skål och häll i talgen. Använd en gaffel och rör i tillräckligt med vatten för att göra en mjuk men smidig deg. Knåda lätt tills den är slät, kavla sedan ut på mjölat bord till en 30 cm/12 runda. Klipp ut en kilformad fjärdedel och reservera den till locket. Smörj och klä en 900 ml/1½ pint/3¾ kopps vaniljsåsform noga, arbeta loss den över botten och sidorna tills den når innerkanten överst på formen, tryck ut eventuella veck med fingertopparna. Täta skarvarna genom att trycka ihop dem med fuktade fingrar.

För att förbereda fyllningen, värm det stuvade köttet och svampen tillsammans antingen i mikrovågsugn eller på konventionellt sätt. Låt svalna. Häll upp i en bakverksfodrad skål. Kavla ut den reserverade degen till ett lock, fukta kanten och lägg ovanpå bakverkets foder, tryck ihop dem för att täta. Täck med folie (plastfolie) och skär två gånger så att ånga kan komma ut. Koka på fullt i 7 minuter tills degen har jäst ordentligt. Låt stå i 3 minuter, häll sedan upp på tallrikar och servera.

Biff och njurpudding

Serverar 4

Förbered som biff och svamppudding, men använd 450g/1lb blandad bräserad biff och njurar.

Biff och kastanjepudding

Serverar 4

Förbered som en biff och svamppudding, men byt ut knappsvamparna mot hela kastanjer.

Biff och inlagd valnötspudding med katrinplommon

Serverar 4

Förbered som för biff och svamppudding, men byt ut svampen mot 4 inlagda valnötter, i fjärdedelar och 8 urkärnade plommon.

Sydamerikanskt "hackat" kött

Serverar 4

2 lökar finhackad eller riven
275 g skalad pumpa, butternutsquash eller oskalad zucchini, tärnad
1 stor tomat, blancherad, skalad och hackad
450 g/1 lb/4 koppar grovmalet (malet) nötkött
5–10 ml/1–2 tsk salt
brasilianskt ris

Lägg grönsakerna och färsen i en 20 cm/8 tums ugnsform (nederländsk ugn). Täck med folie (plastfolie) och skär två gånger så att ånga kan komma ut. Koka i hela 10 minuter, vänd på grytan tre gånger. Avtäck och krossa ordentligt för att bryta upp köttet. Täck med en tallrik och koka på fullt i 5 minuter, rör om en gång. Låt stå i 3 minuter och smaka av med salt. Köttet får en ganska lös konsistens i den otjockade såsen. Serveras med brasilianskt ris.

Brasilianskt "hackat" kött med ägg och oliver

Serverar 4

Förbered som sydamerikansk köttfärslimpa, men uteslut pumpa, squash eller zucchini (zucchini). Tillsätt 60 ml/4 msk fond till köttblandningen. Minska den initiala tillagningstiden till 7 minuter. Efter att ha stått, rör ner 3 hårdkokta ägg och 12 urkärnade gröna oliver.

Ruben smörgås

Serverar 2

Som alla nordamerikaner kommer att intyga är den öppna Reuben Sandwich en högtid av mat, producerad av delikatessbutiker från New York till Kalifornien.

2 stora skivor brunt eller rågbröd
Majonnäs
175 g salt nötkött, pastrami eller bringa, tunt skivad
175 g avrunnen surkål
4 stora tunna skivor Gruyère (Schweizisk) eller Emmental ost

Bred majonnäs på brödet och lägg skivorna bredvid varandra på en stor tallrik. Värm utan lock i avfrostningsläge i 1½ minut. Täck var och en jämnt med nötkött och toppa med surkål, tryck ner lätt med en spatel. Täck med ost. Koka på hög temperatur i 1½ – 2 minuter tills osten smält. Ät nu.

Beef Chow Mein

Serverar 4

Förbered som för Chicken Chow Mein, men byt ut kycklingen mot nötkött.

Beef Chop Suey

Serverar 4

Förbered som för Chicken Chop Suey, men byt ut kycklingen mot nötkött.

Aubergine och nötköttsgryta

Serverar 6

Denna specialitet från Louisiana är en njutning för alla och avnjuts av lokalbefolkningen.

4 auberginer (auberginer)

10 ml/2 tsk salt

45 ml/3 matskedar kokande vatten

1 lök, fint riven

450 g/1 lb/4 koppar magert malet nötkött

75 g/3 oz/1½ koppar färskt vitt ströbröd

1,5 – 2,5 ml/¼ – ½ tesked het pepparsås

Salta och nymalen peppar
25 g/1 oz/2 msk smör
250 g/8 oz/2¼ koppar amerikanskt långkornigt ris, kokt

Skala toppen av auberginema, svansen och skär köttet i tärningar. Lägg i en stor skål eller skål och blanda med salt och kokande vatten. Täck med folie (plastfolie) och skär två gånger så att ånga kan komma ut. Koka på fullt i 14 minuter. Låt stå i 2 minuter. Låt rinna av ordentligt, lägg sedan i en mixer eller matberedare och puré. Smörj den grunda formen noga. Blanda auberginepuré, lök, nötkött, hälften av ströbrödet, paprikasås och salt och nymalen svartpeppar efter smak. Bred ut i en gryta. Strö över resterande ströbröd och strö sedan över smörflingorna. Koka utan lock i 10 minuter. Före servering, om du vill, stek kort under en het grill (broiler) för att göra toppen knaprig. Servera med ris.

Curry med köttbullar

Serverar 8

675 g/1½ lb/6 kopp magert malet nötkött

50 g/2 oz/1 kopp färskt vitt ströbröd

1 vitlöksklyfta, krossad

1 stort ägg, uppvispat

300 ml/10 fl oz/1 burk kondenserad tomatsoppa

6 tomater

10 ml/2 tsk sojasås

15–30 ml/1–2 msk milt currypulver

15 ml/1 matsked tomatpuré (pasta)

1 tärning nötbuljong

75 ml/5 msk mangochutney

Kokt ris eller potatismos att servera

Blanda nötkött, ströbröd, vitlök och ägg. Forma till 16 bollar och arrangera runt kanten på en 25 cm/10 djup form. Blanda resterande ingredienser och vänd ihop köttbullarna med en sked. Täck med folie (plastfolie) och skär två gånger så att ånga kan komma ut. Koka på full effekt i 18 minuter, vänd på grytan fyra gånger. Låt stå i 5 minuter. Avtäck och häll såsen över köttbullarna. Låt stå utan lock och värm på högt i ytterligare 1½-2 minuter. Serveras med kokt ris eller potatismos.

Italienska köttbullar

Serverar 4

15 ml/2 matskedar olivolja

1 lök, riven

2 vitlöksklyftor, krossade

450 g/1 lb/4 koppar magert malet nötkött

75 ml/5 matskedar färskt vitt ströbröd

1 ägg, uppvispat

10 ml/2 tsk salt

400 g/14 oz/1¾ koppar passata (sila tomater)

10 ml/2 tsk mörkt mjukt farinsocker

5 ml/1 tsk torkad basilika eller oregano

Häll oljan i en djup skål med en diameter på 20 cm/8. Tillsätt lök och vitlök. Koka utan lock i 4 minuter på fullt. Blanda köttet med ströbröd, ägg och hälften av saltet. Forma 12 små bollar. Lägg till i skålen och koka utan lock i 5 minuter på fullt, vänd köttbullarna halvvägs genom tillagningstiden. Stå upp och blanda passata, socker, oregano och resterande salt. Häll över köttbullarna. Täck med folie (plastfolie) och skär två gånger så att ånga kan komma ut. Koka i hela 10 minuter, vänd på grytan tre gånger. Låt stå i 3 minuter innan servering.

Snabba peppar köttbullar

Serverar 4–6

Det här är gott med vanlig kokt potatis eller chips som kan användas i mikrovågsugn (pommes frites) om du verkligen har bråttom!

450 g/1 lb/4 koppar magert malet nötkött

50 g/2 oz/1 kopp färskt vitt ströbröd

1 vitlöksklyfta, krossad

1 stort ägg, uppvispat

300 ml/½ pt/1¼ koppar passata (sila tomater)

300 ml/½ pt/1¼ koppar kokande vatten

30 ml/2 matskedar torkade röda och gröna pepparflingor

10 ml/2 tsk paprika

5 ml/1 tsk spiskummin (valfritt)

10 ml/2 tsk mörkt mjukt farinsocker

5 ml/1 tsk salt

150 ml/5 oz/2/3 kopp sur (mjölksur) grädde

Blanda köttet, ströbrödet, vitlöken och ägget. Forma till 12 bollar. Lägg runt kanten på en 20 cm/8 djup form. Blanda passatan med vatten. Rör ner paprikaflingorna, paprikan, spiskumminen, om du använder, och socker. Skeda över köttbullarna. Täck med folie (plastfolie) och skär två gånger så att ånga kan komma ut. Koka på full effekt i 15 minuter, vänd på grytan tre gånger. Låt stå i 5 minuter, avtäck sedan och rör ner salt och gräddfil. Värm, utan lock, i hela 2 minuter.

Örtbiff skiva buffé

Serverar 8

900 g/2 lb/8 koppar malet (malet) nötkött
2 stora ägg, vispade
1 tärning nötbuljong
1 liten lök, finriven
60 ml/4 matskedar vanligt (all-purpose) mjöl
45 ml/3 matskedar tomatketchup
10 ml/2 teskedar torkade blandade örter
10 ml/2 tsk sojasås
Myntablad och skalade apelsinskivor till dekoration

Blanda noggrant alla ingredienser utom sojasås. Bred ut i en 1¼ liter/2 pt/5 kopp smord rektangulär brödform (panna). Täck toppen med sojasås. Täck med folie (plastfolie) och skär två gånger så att ånga kan komma ut. Koka i hela 10 minuter, sedan mikrovågsugn i 5 minuter. Koka i upptiningsläge i ytterligare 12 minuter, vänd på skålen fyra gånger. Låt stå i 5 minuter, avtäck och låt försiktigt rinna av överflödigt fett och juice för att använda till såser och grytor. Låt svalna, överför sedan försiktigt till en serveringsskål och garnera med myntablad och apelsinskivor. Servera skuren i skivor.

Jordnötsbiff i malaysisk stil med kokos

Serverar 4

2 lökar, fint hackade
1 vitlöksklyfta, krossad
450 g/1 lb/4 koppar extra magert malet nötkött
125 g/4 oz/½ kopp knaprigt jordnötssmör
45 ml/3 matskedar torkad (riven) kokos
2,5 ml/½ tesked pepparsås
15 ml/1 matsked sojasås
2,5 ml/½ tesked salt
300 ml/½ pt/1¼ koppar kokande vatten
175 g/6 oz/1½ koppar ris, kokt
Orientalisk pickles för dekoration (valfritt)

Lägg lök, vitlök och nötkött i en 1,5-quart/2½-quart/6-kopps gryta (nederländsk ugn). Blanda väl med en gaffel, se till att köttet är ordentligt strimlat. Täck med folie (plastfolie) och skär två gånger så att ånga kan komma ut. Koka i hela 8 minuter, vänd på grytan två gånger. Avtäck och blanda i alla övriga ingredienser utom riset. Täck som tidigare och koka på fullt i ytterligare 8 minuter, vänd på grytan tre gånger. Låt stå i 3 minuter. Avtäck och släng, servera sedan med kokt ris och pickles, om så önskas.

En snabb biff och majonnäslimpa

Serverar 6

En super huvudrätt till middag, lyxigare än man kan förvänta sig av en måltid så snabbt tillagad.

750 g/1½ lb/6 kopp magert malet (malet) nötkött

15 ml/1 matsked torkade röda och gröna pepparflingor

15 ml/1 matsked finhackad persilja

7,5 ml/1½ tsk löksalt

30 ml/2 matskedar vanligt (all-purpose) mjöl

60 ml/4 matskedar tjock majonnäs

7,5 ml/1½ tsk senapspulver

5 ml/1 tsk sojasås

Smörj en djup form med en diameter på 20 cm / 8 cm noggrant. Blanda nötkött med alla övriga ingredienser och fördela försiktigt i en skål. Täck med folie (plastfolie) och skär två gånger så att ånga kan komma ut. Koka på full effekt i 12 minuter, vänd på grytan fyra gånger. Låt stå i 5 minuter, ta sedan bort brödet från pannan med två spatlar, lämna fettet kvar. Överför till en uppvärmd tallrik och skär i sex klyftor för att servera.

Nötkött tillagat i rött vin

Serverar 4

En smart och stilren rätt, speciellt när den serveras med klassiska makaroner och ost eller savojepotatis och kanske konserverade kronärtskockshjärtan, uppvärmda i lite smör.

30 ml/2 matskedar smör eller margarin

2 stora lökar, rivna

1 vitlöksklyfta, krossad

125 g svamp, skuren i tunna skivor

450g/1lb flankstek, skuren i små tärningar

15 ml/1 matsked tomatpuré (pasta)

15 ml/1 matsked hackad persilja

15 ml/1 matsked majsmjöl (majsstärkelse)

5 ml/1 tsk stark senap

300 ml/½ pt/1¼ kopp torrt rött vin

5 ml/1 tsk salt

Lägg smöret eller margarinet i en 20 cm/8 ugnsform (nederländsk ugn). Smält utan lock för att tina i 1–1½ minut. Rör ner lök, vitlök och svamp. Koka utan lock i 5 minuter på fullt. Rör i steken och flytta sedan blandningen till kanten av skålen för att bilda en ring, lämna en liten fördjupning i mitten. Täck med en tallrik och koka i 5 minuter. Blanda under tiden tomatpuré, persilja, majsmjöl och senap. Blanda väl med en skvätt rödvin och rör sedan ner resten. Rör försiktigt ner i stekblandningen. Täck med en plåt och blanda två gånger i 5 minuter. Låt stå i 3 minuter. Rör ner saltet och servera sedan.

Mintad aubergine dip

Serverar 6-8

750g/1½lb auberginer (auberginer)
Saften av 1 citron
20 ml/4 tsk olivolja
1–2 vitlöksklyftor, pressade
250 ml/8 fl oz/1 kopp keso eller keso
15 ml/1 matsked hackade myntablad
1,5 ml/¼ tesked granulerat (mycket fint) socker
7,5–10 ml/1½–2 tsk salt

Toppa och svansa auberginema och halvera dem på längden. Lägg dem på en stor tallrik, skär sidorna nedåt och täck med hushållspapper. Koka på hög temperatur i 8-9 minuter eller tills de är mjuka. Ta bort fruktköttet från skalen direkt i matberedaren och tillsätt resten av ingredienserna. Processa till en slät och krämig puré. Häll upp i en serveringsskål, täck över och svalna något innan servering.

Auberginedipp med tomater och blandade örter

Serverar 6-8

750g/1½lb auberginer (auberginer)
5 ml/1 tsk hackade myntablad
75 ml/3 teskedar hackad korianderblad.
5 ml/1 tsk hackad persilja
3 tomater, blancherade, skalade, kärnade och finhackade

Toppa och svansa auberginema och halvera dem på längden. Lägg dem på en stor tallrik, skär sidorna nedåt och täck med hushållspapper. Koka på hög temperatur i 8-9 minuter eller tills de är mjuka. Ta bort fruktköttet från skalet direkt i matberedaren och tillsätt resten av ingredienserna förutom tomaterna. Processa till en slät och krämig puré. Rör ner tomaterna, häll sedan upp i en serveringsskål, täck över och svalna något innan servering.

Mellanöstern Aubergine och Tahini Dip

Serverar 6-8

750g/1½lb auberginer (auberginer)
45 ml/3 matskedar tahini (sesamfröpasta)
Saften av 1 liten citron
1 vitlöksklyfta, tunt skivad
25 ml/1 ½ sked olivolja
1 liten lök, skivad
60ml/4 msk grovt hackade korianderblad.
5 ml/1 tsk granulerat (mycket fint) socker
5–10 ml/1–2 tsk salt

Toppa och svansa auberginema och halvera dem på längden. Lägg dem på en stor tallrik, skär sidorna nedåt och täck med hushållspapper. Koka på hög temperatur i 8-9 minuter eller tills de är mjuka. Ta bort fruktköttet från skalen direkt i matberedaren. Tillsätt resterande ingredienser och salt efter smak. Processa till en slät och krämig puré. Häll upp i en serveringsskål och servera i rumstemperatur.

Turkisk aubergine dip

Serverar 6-8

750g/1½lb auberginer (auberginer)
30 ml/2 matskedar olivolja
Saften av 1 stor citron
2,5–5 ml/½–1 tsk salt
2,5 ml/½ tesked granulerat (mycket fint) socker
Svarta oliver, röd paprika remsor och tomatringar till dekoration

Toppa och svansa auberginema och halvera dem på längden. Lägg dem på en stor tallrik, skär sidorna nedåt och täck med hushållspapper. Koka på hög temperatur i 8-9 minuter eller tills de är mjuka. Ta bort fruktköttet från skalen direkt i matberedaren och tillsätt resten av ingredienserna. Bearbeta till en halvlen puré. Häll upp i en serveringsskål och garnera med oliver, röd paprika och tomatskivor.

Grekisk aubergine dip

Serverar 6-8

750g/1½lb auberginer (auberginer)
1 liten lök, grovt riven
2 vitlöksklyftor, tunt skivade
5 ml/1 tesked maltvinäger
5 ml/1 tsk citronsaft
150 ml/¼ pt/2/3 kopp extra virgin olivolja
2 stora tomater, blancherade, kärnade och grovt hackade
Persilja, rundlar av grön eller röd paprika och små svarta oliver till dekoration

Toppa och svansa auberginema och halvera dem på längden. Lägg dem på en stor tallrik, skär sidorna nedåt och täck med hushållspapper. Koka på hög temperatur i 8-9 minuter eller tills de är mjuka. Ta bort fruktköttet från skalet direkt i en matberedare och tillsätt lök, vitlök, vinäger, citronsaft och olja. Bearbeta till en slät puré. Häll upp i en stor skål och rör ner tomaterna. Häll upp i en serveringsskål och garnera med persilja, paprikaringar och oliver.

Cauda träsk

Serverar 4–6

En extremt rik och unik ansjovisdipp från Italien, som bör hållas varm över spisen på matbordet efter tillagning. Dunks är vanligtvis råa eller kokta grönsaker. Använd bara fin och delikat ljus gyllene extra virgin olivolja, annars kan smaken bli för stark.

30 ml/2 matskedar olivolja
25 g/1 oz/2 msk osaltat (söt) smör
1 vitlöksklyfta, krossad
50 g/2 oz/1 liten burk ansjovisfiléer i olja
60 ml/4 matskedar finhackad persilja
15 ml/1 matsked finhackade basilikablad

Lägg oljan, smöret och vitlöken i en icke-metallisk ugnssäker form. Tillsätt den konserverade ansjovisoljan, persiljan och basilika. Finhacka ansjovisen och lägg i skålen. Täck skålen delvis med en tallrik och koka i upptiningsläge i 3-4 minuter tills dippen är genomvärmd. Överför till en tänd alkoholkokare och håll varm medan du äter.

Auberginegryta

Serverar 4

Ett recept från Louisiana som kom tillbaka med mig från denna ångande del av Nordamerika.

2 auberginer (auberginer), cirka 550 g/1¼ lb totalt

1 stjälk selleri, finhackad

1 stor lök finhackad

½ grön paprika, kärnade och finhackad

30 ml/2 matskedar solros- eller majsolja

3 tomater, skalade och hackade

75 g/3 oz/1½ koppar färskt vitt ströbröd

Salt och nymalen svartpeppar

50 g riven cheddarost

Använd en vass kniv och skär skalet på varje aubergine på längden runt hela omkretsen. Lägg på en tallrik, täck med hushållspapper och koka på Full i 6 minuter, vänd en gång. De ska vara möra, men om inte, koka i ytterligare 1-2 minuter. Skär var och en på mitten längs skåran, häll sedan fruktköttet i en mixer eller matberedare och kassera skalet. Puré. Lägg selleri, lök, grön paprika och olja i en 2-quart/3½-punkts/8½-kopps gryta (nederländsk ugn), täck med en tallrik och koka på hög i 3 minuter. Blanda auberginepuré, tomater, ströbröd samt salt och peppar efter smak och koka fullt i ytterligare 3 minuter. Avtäck, strö över ost och värm helt utan lock i 2 minuter. Låt stå i 2 minuter innan servering.

Inlagd cocktailsvamp

Serverar 8

60 ml/4 skedar rödvinsvinäger
60 ml/4 matskedar solros- eller majsolja
1 lök, mycket tunt skivad
5 ml/1 tsk salt
15 ml/1 msk hackade korianderblad.
5 ml/1 tsk fin senap
15 ml/1 matsked ljust farinsocker
5 ml/1 tsk Worcestershiresås
cayenpeppar
350 g / 12 oz svamp

Placera vinäger, olja, lök, salt, koriander, senap, socker och Worcestershiresås i en 2-quart/3½ pt/8½ kopp (nederländsk ugn) med ett stänk av cayennepepp. Täck med en plåt och värm till Full i 6 minuter. Rör ner svampen. När den svalnat, täck över och ställ i kylen i ca 12 timmar. Låt rinna av och servera med en krämig dipp.

Fyllda bakade auberginer med ägg och pinjenötter

Serverar 2

2 auberginer (auberginer), cirka 550 g/1¼ lb totalt

10 ml/2 tsk citronsaft

75 g/3 oz/1½ koppar färska vita eller bruna ströbröd

45 ml/3 matskedar rostade pinjenötter

7,5 ml/1 ½ tsk salt

1 vitlöksklyfta, krossad

3 hårdkokta (kokta) ägg, hackade

60 ml/4 matskedar mjölk

5 ml/1 tesked torkade blandade örter

20 ml/4 tsk olivolja

Använd en vass kniv och skär skalet på varje aubergine på längden runt hela omkretsen. Lägg på en tallrik, täck med hushållspapper och koka på Full i 6 minuter, vänd en gång. De ska vara möra, men om inte, koka i ytterligare 1-2 minuter. Dela var och en på mitten längs skåran och häll sedan ner köttet i en mixer eller matberedare, lämna skalet intakt. Tillsätt citronsaft och bearbeta till en slät puré. Skrapa ner i en skål och blanda i alla övriga ingredienser utom olja. Skeda i skalet på auberginerna och lägg sedan på en tallrik med de smala ändarna mot mitten. Ringla olja på toppen, täck med hushållspapper och värm i hela 4 minuter. Ät varmt eller kallt.

grekiska svampar

Serverar 4

1 påse bukett garni
1 vitlöksklyfta, krossad
2 lagerblad
60 ml/4 matskedar vatten
30 ml/2 matskedar citronsaft
15 ml/1 matsked vinäger
15 ml/1 matsked olivolja
5 ml/1 tsk salt
450 g / 1 lb svamp
30 ml/2 matskedar hackad persilja

Lägg alla ingredienser utom svampen och persiljan i en stor skål. Täck med en plåt och värm till Full i 4 minuter. Rör ner svampen, täck som tidigare och koka på fullt i ytterligare 3½ minut. Kyl, täck över och ställ sedan i kylen i flera timmar. Ta bort bouquet garni, använd sedan en hålslev för att lyfta upp svampen på fyra tallrikar, strö över persilja och servera.

Kronärtskockavinägrett

Serverar 4

450 g / 1 lb jordärtskocka
Vinägrettdressing, hemlagad eller köpt
10 ml/2 tsk hackad persilja
5 ml/1 tsk hackad dragon

Lägg kronärtskockorna och lite vatten i en skål och täck med en tallrik. Koka i hela 10 minuter, vänd på grytan två gånger. Låt rinna av ordentligt och hacka grovt. Medan den fortfarande är varm, täck med vinägrettdressing. Dela mellan fyra tallrikar och strö över persilja och dragon.

caesarsallad

Serverar 4

En unik sallad skapad på tjugotalet av Caesar Cardini, där ägg är ovanligt fyllda. Det är en underbart enkel förrätt, men har ändå klassisk chic.

1 st (romaine) sallad, kyld
1 vitlöksklyfta, krossad
60 ml/4 matskedar extra virgin olivolja
Salt och nymalen svartpeppar
2 stora ägg
5 ml/1 tsk Worcestershiresås
Saften av 2 citroner, silad
90 ml/6 matskedar nyriven parmesanost
50 g/2 oz/1 kopp vitlökskrutonger

Skär salladen i 5 cm/2 bitar och lägg i en salladsskål med vitlök, olja och kryddor efter smak. Kasta försiktigt. För att röra ihop äggen, fodra en flingaskål med plastfolie (plastfolie) och knäck äggen. Koka utan lock i upptiningsläge i 1½ minut. Lägg till salladsskålen med alla återstående ingredienser och blanda igen tills det är ordentligt blandat. Lägg upp på tallrikar och servera genast.

Holländsk cikoria med ägg och smör

Serverar 4

8 cikoriahuvuden (belgisk endive)
30 ml/2 matskedar citronsaft
75 ml/5 matskedar kokande vatten
5 ml/1 tsk salt
75 g smör i rumstemperatur och ganska mjukt
4 hårdkokta (kokta) ägg, hackade

Putsa cikoria och skär en konformad bit från basen av varje för att förhindra en bitter smak. Lägg cikoria i ett enda lager i en 20 cm/8 skål och tillsätt citronsaft och vatten. Strö över salt. Täck med folie (plastfolie) och skär två gånger så att ånga kan komma ut. Koka på fullt i 15 minuter. Låt stå i 3 minuter och låt rinna av. Medan cikoria kokar, vispa smöret tills det blir ljust och krämigt. Rör ner äggen. Lägg upp cikoria på fyra uppvärmda tallrikar och häll äggblandningen ovanpå. Ät nu.

Äggmajonnäs

Serverar 1

Äggmajonnäs, en av de vanliga aptitretarna i Frankrike, är tillförlitligt välsmakande och kan varieras efter smak.

Strimlade salladsblad
1–2 hårdkokta ägg, halverade
Majonnässås, eller använd majonnäs från butik
4 konserverade ansjovisfiléer i olja
1 tomat, skuren i månar

Lägg salladen på en tallrik. Lägg äggen ovanpå, skära sidorna nedåt. Bred ut majonnäsen ganska tjockt, dekorera sedan efter smak med ansjovis och tomatskivor.

Ägg med Skordaliamajonnäs

Serverar 4

En förenklad version av en komplex vitlöks- och ströbrödsmajonnässås som kompletterar äggens fulla smak och konsistens.

150 ml/¼ punkt/2/3 kopp majonnässås
1 vitlöksklyfta, krossad
10 ml/2 teskedar färskt vitt ströbröd
15 ml/1 matsked mald mandel
10 ml/2 tsk citronsaft
10 ml/2 tsk hackad persilja
Strimlade salladsblad
2 eller 4 hårdkokta (hårdkokta) ägg, halverade
1 rödlök, mycket tunt skivad
Små grekiska svarta oliver till garnering

Blanda majonnäs, vitlök, ströbröd, mandel, citronsaft och persilja. Lägg salladen på en tallrik och lägg sedan ägghalvorna ovanpå. Bred ut med majonnäsblandning och dekorera sedan med lökskivor och oliver.

Scotch Woodcock

Serverar 4

Detta tillhör den gamla ligan av urbana herrklubbar och, serverad varm, är den fortfarande en av de lyxigaste aptitretarna.

4 skivor bröd
Smör
Gentleman's Relish eller ansjovispasta
2 mängder extra krämig äggröra
Några konserverade ansjovisfiléer i olja till dekoration

Rosta brödet och bred sedan ut det med smör. Pensla den med Gentleman's Relish eller ansjovispasta, skär varje skiva i fjärdedelar och håll den varm. Gör extra krämig äggröra och häll dem över rostat bröd. Dekorera med ansjovisfiléer.

Ägg med svensk majonnäs

Serverar 4

Strimlade salladsblad
1–2 hårdkokta ägg, halverade
25 ml/1 ½ msk äppelmos (äppelmos)
Bar (superfint) socker
150 ml/¼ pt/2/3 kopp majonnässås eller använd majonnäs från affären
5 ml/1 tsk pepparrotssås
5–10 ml/1–2 tsk svart eller orange falsk kaviar
1 ätbart (dessert)äpple med rött skal, skärt i tunna skivor

Lägg salladen på en tallrik. Lägg äggen ovanpå, skära sidorna nedåt. Söta äppelmoset lätt med strösocker och blanda sedan ner det i majonnäsen med pepparrotssås. Pensla äggen med denna blandning, garnera sedan med falsk kaviar och en remsa äppelskivor.

Turkisk bönsallad

Serverar 6

I Turkiet kallas detta för fensya plaki och är i grunden en blandning av konserverade favabönor (nava) och en portion medelhavsgrönsaker. Det är en ekonomisk förrätt och ber om knaprigt bröd vid sidan av.

75 ml/5 matskedar olivolja

2 lökar, finriven

2 vitlöksklyftor, krossade

1 stor mogen tomat, blancherad, skalad, kärnad och hackad

1 grön paprika, kärnad och mycket finhackad

10 ml/2 tsk granulerat (fint) socker

75 ml/5 matskedar vatten

2,5–5 ml/½–1 tsk salt

30 ml/2 matskedar hackad dill (dill ogräs)

400 g/14 oz/1 stor burk bönor, avrunna

Häll oljan, löken och vitlöken i en gryta på 1,75 liter/3 pt/7½ kopp och koka utan lock i hela 5 minuter, rör om två gånger. Rör ner tomat, grönpeppar, socker, vatten och salt. Täck två tredjedelar av vägen med en tallrik och koka i hela 7 minuter, rör om två gånger. Låt svalna helt, täck sedan över och ställ i kylen i flera timmar. Rör ner dill och bönor. Täck igen och ställ i kylen ytterligare en timme.

Bönsallad med ägg

Serverar 6

Gör en turkisk bönsallad, men garnera varje portion med bitar av ett hårdkokt (kokt) ägg.

Potted Kipper

Serverar 6

275g/10oz kipperfilé
75 g/3 oz/1/3 kopp färskost
Saften av ½ citron
2,5 ml/½ tesked engelsk eller kontinental senap
1 vitlöksklyfta, tunt skivad (valfritt)
Varm rostat bröd eller kex att servera

Placera kipers i mikrovågsugnen. Ta bort skinn och ben och strimla köttet. Överför till en matberedare med resterande ingredienser och bearbeta tills blandningen bildar en pasta. Häll upp i en liten skål och jämna till toppen. Täck över och kyl tills det är fast. Servera spridning på hett rostat bröd eller kex.

Räkor i kruk

Serverar 4

Ett annat typiskt brittiskt väckelserecept. Serveras med nylagad tunn vit rostat bröd.

175 g/6 oz/¾ kopp osaltat (sött) smör
225 g/8 oz/2 koppar babyräkor
En nypa kryddpeppar
vitpeppar
Rostat bröd, servera

Lägg smöret i en skål och täck med en tallrik. Mikrovågsugn på full effekt i ca 2-3 minuter tills den smält. Kombinera två tredjedelar av smöret med räkorna, krydda sedan med kryddpeppar och krydda efter smak. Häll upp i fyra separata krukor eller ramekinskålar (puddingkoppar). Bred ut jämnt med resten av smöret. Kyl tills smöret stelnar. Vänd upp på tallrikar och ät med rostat bröd.

Bakad fylld äggavocado

Serverar 4

Ett eftersatt recept från sjuttiotalet, ofta valt till en lätt måltid eller rejäl aptitretare.

2 stjälkar selleri, finhackad

60 ml/4 matskedar färskt vitt ströbröd

2,5 ml/½ tesked fint rivet citronskal

5 ml/1 tesked löksalt

2,5 ml/½ tsk paprika

45 ml/3 matskedar enkel (lätt) grädde

Nymalen svartpeppar

2 medelstora, precis mogna avokado

2 stora hårdkokta (kokta) ägg, hackade

20 ml/4 teskedar rostade ströbröd

20 ml/4 tsk smält smör

Blanda selleri, vitt ströbröd, citronskal, löksalt, paprika och grädde och smaka av. Skär avokadon på mitten och ta bort gropar. Vi hålar ur en del av fruktköttet för att göra plats för fyllningen och maler den grovt. Tillsätt fruktköttet i ströbrödsblandningen med äggen. Blanda väl och lägg i avokadoskal. Lägg på en tallrik med de spetsiga ändarna mot mitten. Strö över rostade ströbröd och ringla sedan smör ovanpå. Täck med hushållspapper och värm till fullt i 4-5 minuter. Ät nu.

Avokado fylld med tomater och ost

Serverar 2 som huvudrätt, 4 som förrätt

En fantastisk blandning, perfekt för vegetarianer och alla andra som tänker i dessa banor.

2 stora mogna avokado
Saft av ½ lime
50 g/2 oz/1 kopp mjuka bruna ströbröd
1 liten lök, finriven
2 tomater, blancherade, skalade och hackade
Salt och nymalen svartpeppar
50 g/2 oz/½ kopp hård ost, riven
röd paprika
8 rostade hasselnötter

Skär avokadon på mitten och ös försiktigt ur fruktköttet direkt i en skål. Tillsätt limejuice och mosa försiktigt med en gaffel. Blanda ströbröd, lök och tomater med salt och peppar efter smak. Lägg i avokadoskal och strö över ost och paprika. Lägg två hasselnötter ovanpå varje halva. Ordna på en stor tallrik med de spetsiga ändarna mot mitten. Täck löst med hushållspapper och koka på fullt i 5-5½ minuter. Servera omedelbart.

Skandinavisk rollmop och äppelsallad

Serverar 4

75 g/3 oz torkade äppelringar

150 ml/¼ pt/2/3 koppar vatten

3 lökrullar

150 ml/¼ pt/2/3 kopp vispgrädde eller dubbel (tung) grädde

Knäckebrot, servera

Tvätta äppelringarna, skär dem i bitar, lägg dem i en medelstor skål och tillsätt vatten. Täck med en plåt och värm till Full i 5 minuter. Låt stå i 5 minuter, låt sedan rinna av ordentligt. Vik ut rullarna och skär dem i diagonala remsor. Tillsätt äpplet och löken och blanda i grädden. Täck över och marinera över natten i kylen. Blanda innan servering, lägg sedan upp på enskilda tallrikar och servera med knäckebrot.

Rollmop och äppelsallad med currysås

Serverar 4

Förbered som för skandinavisk rollmop och äppelsallad, men byt ut grädden mot hälften majonnäs och hälften crème fraîche. Krydda med currypasta efter smak.

Bladsallad med getost och varm dressing

Serverar 4

12 små runda salladsblad
1 låda vattenkrasse
20 raketblad
4 individuella getostar
90 ml/6 matskedar druvkärneolja
30 ml/2 matskedar hasselnötsolja
10 ml/2 tsk apelsinblomvatten
10 ml/2 tsk dijonsenap
45 ml/3 matskedar ris eller äppelcidervinäger
10 ml/2 tsk granulerat (fint) socker
5 ml/1 tsk salt

Tvätta och torka salladsbladen. Skär vattenkrasse, tvätta och torka den. Tvätta och låt rinna av raketen. Ordna dessa tre snyggt på fyra individuella tallrikar och lägg osten i mitten av varje. Lägg alla återstående ingredienser i en skål och värm upp utan lock i 3 minuter för att tina upp. Rör om och häll sedan över varje sallad.

Gelé tomat koppar

Serverar 4

4 tomater, blancherade, skalade och hackade

5 ml/1 tsk finhackad färsk ingefärarot
5 ml/1 tsk finrivet limeskal
20 ml/4 tsk gelatinpulver
750 ml/1¼ pt/3 dl kycklingfond
30 ml/2 matskedar tomatpuré (pasta)
5 ml/1 tsk Worcestershiresås
5 ml/1 tsk granulerat (mycket fint) socker
5 ml/1 tesked sellerisalt
20 ml/4 tsk crème fraîche
Rostade sesamfrön, att strö över
Ostkex (kex) till servering

Fördela tomaterna jämnt mellan fyra stora vinglas och strö sedan över ingefära och limeskal. Häll gelatinet i en 1,5-liters/2½-punkts/6-kopps skål med 75 ml/5 msk fond och låt det mjukna i 5 minuter. Tina, utan lock, vid upptining i cirka 2 minuter. Rör i resterande fond med tomatpuré, Worcestershiresås, socker och sellerisalt. Vispa försiktigt tills det är jämnt blandat och ställ sedan i kylen tills det tjocknat något. Häll en sked över tomaterna och låt dem sedan stelna. Tillsätt 5 ml/1 tsk crème fraîche och strö över sesamfrön innan servering med ostkexen.

Fyllda tomater

Serverar 4

En hälsosam men okomplicerad aptitretare, läcker serverad på rostat bröd med smör eller på bröd rostat (ångat) i vitlökssmör.

6 tomater

1 lök, riven

50 g/2 oz/1 kopp färskt vitt ströbröd

5 ml/1 tsk senap

5 ml/1 tsk salt

15 ml/1 matsked hackad gräslök eller persilja

50 g/2 oz/½ kopp hackat kallt tillagat kött eller fågel, tärnade räkor (räkor) eller riven ost

1 litet ägg, uppvispat

Skär tomaterna på mitten och häll centren i en skål, kassera de hårda kärnorna. Lägg skalen upp och ner på hushållspapper för att rinna av. Lägg alla resterande ingredienser i en skål och tillsätt tomatmassan. Rör om väl med en gaffel för att kombinera och häll sedan tillbaka i hälften av tomaterna. Ordna i två ringar, den ena inuti den andra, runt tallrikens kant. Täck med hushållspapper och koka på Full i 7 minuter, vänd på plattan tre gånger. Servera varm, tillåt tre halvor per portion.

Italienska fyllda tomater

Serverar 4

6 tomater

75 g/3 oz/1½ koppar färska bruna ströbröd

175 g/6 oz/1½ koppar mozzarellaost, strimlad

2,5 ml/½ tesked torkad oregano
2,5 ml/½ tesked salt
10 ml/2 tsk hackade basilikablad
1 vitlöksklyfta, krossad
1 litet ägg, uppvispat

Skär tomaterna på mitten och häll centren i en skål, kassera de hårda kärnorna. Lägg skalen upp och ner på hushållspapper för att rinna av. Lägg alla resterande ingredienser i en skål och tillsätt tomatmassan. Rör om väl med en gaffel för att kombinera och häll sedan tillbaka i hälften av tomaterna. Ordna i två ringar, den ena inuti den andra, runt tallrikens kant. Täck med hushållspapper och koka i hela 7-8 minuter, vänd på plåten tre gånger. Servera varm eller kall, tillåt tre halvor per portion.

Glas för tomat- och kycklingsallad

Serverar 4

450 ml/¾ pt/2 dl kycklingfond
15 ml/1 matsked pulveriserat gelatin
30 ml/2 matskedar tomatpuré (pasta)
1 liten lök, finriven
5 ml/1 tsk granulerat (mycket fint) socker
1 liten grön paprika, skuren i små tärningar
175 g/6 oz/1½ koppar kallt tillagat kött, finhackat
1 morot, riven
2 konserverade ananasringar (inte färska, annars stelnar inte geléen)
2 hårdkokta (kokta) ägg, rivna

Häll hälften av fonden i en skål på 1,5 liter / 2½ punkt / 6 koppar. Rör ner gelatinet och låt det mjukna i 5 minuter. Smält utan lock för att tina i 2–2½ minuter. Tillsätt den återstående buljongen, rör om väl för att kombinera. Täck över och kyl tills det är kallt och tjocknat, tillsätt sedan alla återstående ingredienser utom äggen. Fördela mellan fyra glasskålar och kyl tills de stelnat. Innan servering, ringla över ägg.

Hackade ägg och lök

Serverar 4 som förrätt, 6 som förrätt

En underbar judisk klassiker året runt, avnjuts bäst med knapriga kex som traditionell matzah. En stor fördel är att koka ägg i en mikrovågsugn - inget ångande kök och ingen panna att diska. Smör eller vilket margarin som helst föreslås här, men det ortodoxa samfundet skulle bara använda vegetabiliskt margarin.

5 hårdkokta (kokta) ägg, skalade och finhackade
40 g mjukat smör eller margarin
1 lök, fint riven
Salt och nymalen svartpeppar
Salladsblad eller persilja till dekoration

Blanda de hackade äggen med smör eller margarin. Rör ner löken och smaka av. Lägg upp på fyra tallrikar och garnera var och en med sallad eller persilja.

Quiche Lorraine

Serverar 4–6

Den ursprungliga franska pajen eller salta pajen med en "familj" av varianter.

För bakverk (pasta):

175 g/6 oz/1½ koppar vanligt (all-purpose) mjöl

1,5 ml/¼ tesked salt

100g / 3½ oz / knappa ½ kopp smör blandat med margarin, vitt fett eller ister, eller använd allt margarin

1 liten äggula

För fyllningen:

6 skivor bacon

3 ägg

300 ml/½ punkt/1¼ kopp helmjölk eller en (lätt) grädde

2,5 ml/½ nivå tesked salt

Nymalen svartpeppar

Riven muskotnöt

För att förbereda degen, sikta mjöl och salt i en skål. Gnid in fettet tills blandningen liknar fina ströbröd, blanda sedan med kallt vatten till en hård deg. Slå in i folie och låt svalna i ½-¾ timmar. Vänd upp på mjölat bord och blanda snabbt och lätt till en slät smet. Kavla ut till en tunn cirkel och fodra en form av glas, porslin eller lergods med en diameter på 20 cm/8. Nyp ihop den övre kanten i små skåror och stick sedan med en gaffel. Koka utan lock på FULL i 6 minuter, vänd på grytan två gånger. Om bakverket buktar på sina ställen, tryck ner det försiktigt med en skyddad handskad hand. Pensla allt med äggula och koka fullt i 1 minut för att täta alla hål. Låt stå medan du förbereder fyllningen.

Lägg baconskärarna på en plåt klädd med hushållspapper, täck med ytterligare ett ark hushållspapper och grädda i 5 minuter, vänd på pannan. Häll av och låt svalna något. Skär varje utslag i tre bitar och lägg på botten av bakverksformen. Vispa äggen med mjölk eller grädde och smaka av med salt och peppar. Sila försiktigt till en pannkaka genom bacon och strö över muskotnöt. Koka, utan lock, fullt, vänd på grytan fyra gånger, i 10-12 minuter eller tills bubblor börjar dyka upp i mitten. Låt stå i 10 minuter innan du skär. Ät varmt eller kallt.

Ost och tomat quiche

Serverar 4–6

Förbered som för Quiche Lorraine, men istället för bacon, ersätt tre skalade och hackade tomater.

Rökt laxquiche

Serverar 4–6

Förbered som för Quiche Lorraine, men byt ut baconet mot 175g rökt lax, skuren i strimlor.

Räkquiche

Serverar 4–6

Förbered som för Quiche Lorraine, men ersätt baconet med 175 g/6 oz/1½ koppar hackade räkor (räkor).

Spenatquiche

Serverar 4–6

Förbered som för Quiche Lorraine, men täck tårtans botten istället för bacon med 175 g kokt spenat, som du har kramat ur allt vatten. (Spenaten måste vara så torr som möjligt, annars blir degen (pastan) blöt.)

Medelhavsquiche

Serverar 4–6

Förbered som för Quiche Lorraine, men täck tårtans botten med 185 g 185 g tonfiskflingor och dess olja, 12 urkärnade svarta oliver och 20 ml/4 tsk tomatpuré (pasta). bacon.

Sparris quiche

Serverar 4–6

Förbered som för Quiche Lorraine, men byt ut baconet mot 350 g sparrisspjut. Låt rinna av ordentligt, spara sex spjut och hacka resten. Använd för att täcka botten av flanen. Garnera med de reserverade skivorna.

Deviled valnötter

Serverar 4–6

225 g/8 oz/2 koppar valnötshalvor

50 g/2 oz/¼ kopp smör

10 ml/2 tsk majsolja

5 ml/1 tesked senapspulver

5 ml/1 tsk paprika

5 ml/1 tesked sellerisalt

5 ml/1 tesked löksalt

2,5 ml/½ tesked chilipulver

Salt

Rosta valnötshalvorna. Hetta upp smör och olja i en grund gryta utan lock i 1,5 min på full effekt. Tillsätt nötterna och blanda försiktigt med smör och olja tills det är väl blandat. Låt stå utan lock och koka på fullt i 3-4 minuter, vänd ofta och titta noga för att se om de börjar få för mycket färg. Låt rinna av på hushållspapper. Släng i en plastpåse med senapspulver, paprika, sellerisalt, löksalt, chilipulver och salt efter smak. Förvara i en lufttät behållare.

Ångade valnötter till curry

Serverar 4–6

225 g/8 oz/2 koppar ångade valnötter, grovt skivade
50 g/2 oz/¼ kopp smör
10 ml/2 tsk majsolja
20 ml/4 tsk mild, medium eller varm curry
Salt

Rosta paranötterna. Hetta upp smör och olja i en grund gryta utan lock i 1,5 min på full effekt. Tillsätt nötterna och blanda försiktigt med smör och olja tills det är väl blandat. Låt stå utan lock och koka på fullt i 3-4 minuter, vänd ofta och titta noga för att se om de börjar få för mycket färg. Låt rinna av på hushållspapper. Häll i en plastpåse med curry och salt efter smak. Förvara i en lufttät behållare.

Blåmögelost och pekannötsflan

Serverar 4–6

Ett sofistikerat tillskott till quichefamiljen.

För bakverk (pasta):

175 g/6 oz/1½ koppar vanligt (all-purpose) mjöl

1,5 ml/¼ tesked salt

100g / 3½ oz / knappa ½ kopp smör blandat med margarin, vitt fett eller ister, eller använd allt margarin

45 ml/3 msk finhackade pekannötter

1 liten äggula

För fyllningen:

200 g/7 oz/mindre 1 kopp helfet färskost

30-45 ml/2-3 msk hackad gräslök eller vårlök(ar)

125 g/4 oz/generös 1 kopp ädelost, smulad

5 ml/1 tsk paprika

3 ägg

60 ml/4 matskedar helmjölk eller engångsgrädde (lätt).

Salt och nymalen svartpeppar

För att förbereda degen, sikta mjöl och salt i en skål. Gnid in fettet tills blandningen liknar fina ströbröd, tillsätt sedan de hackade nötterna. Blanda med kallt vatten till en hård deg. Slå in i folie och låt svalna i ½-¾ timmar. Vänd upp på mjölat bord och blanda snabbt och lätt till en slät smet. Kavla ut till en tunn cirkel och fodra en form av glas, porslin eller lergods med en diameter på 20 cm/8. Nyp ihop den övre kanten i små skåror och stick sedan det hela med en gaffel. Koka utan lock på FULL i 6 minuter, vänd på grytan två gånger. Om bakverket buktar på sina ställen, tryck ner det försiktigt med en skyddad handskad hand. Pensla allt med äggula och koka fullt i 1 minut för att täta alla hål. Låt stå medan du förbereder fyllningen.

Lägg ingredienserna till fyllningen i en matberedare, smaka av med salt och peppar och bearbeta tills blandningen är slät. Bred ut slätt i ett flanomslag (pajomslag). Koka i upptiningsläge i 14 minuter, vrid på behållaren tre gånger. Låt stå i 5 minuter. Ät varmt eller kallt.

Rik leverpastej

Serverar 8-10

Utmärkt serverad med varm rostat bröd på fester eller speciella middagar.

250g/9oz/generöst 1 kopp smör
1 vitlöksklyfta, krossad
450g/1lb kycklingbröst
1,5 ml/¼ tesked riven muskotnöt
Salt och nymalen svartpeppar

Häll 175 g smör i en 1,75 L/3 pt/7½ kopps skål och smält utan lock i 2 minuter. Rör ner vitlöken. Stick igenom varje bit kycklinglever med spetsen på en kniv och lägg i maten. Blanda väl med smör. Täck med en plåt och blanda två gånger i 8 minuter. Rör ner muskotnöt och krydda sedan väl efter smak. I två partier

Varm och syrlig krabbasoppa

Serverar 6

Ett rikt bidrag från Kina, ett lättgjort nöje.

1 liter/1¾ poäng/4¼ koppar fjäderfäfond
225 g/7 oz/1 liten burk vattenkastanjer, grovt hackade
225g/7oz/1 liten burk hackade bambuskott i vatten
75 g svamp skuren i tunna skivor
150 g/5 oz tofu, skuren i små tärningar
175 g/6 oz/1 liten burk saltat krabbkött, avrunnen och flingad
15 ml/1 matsked majsmjöl
15 ml/1 matsked vatten
30 ml/2 skedar maltvinäger
15 ml/1 matsked sojasås
5 ml/1 tesked sesamolja
2,5 ml/½ tesked salt
1 stort ägg, uppvispat

Häll fonden i en 2-quart/3½-punkts/8½-kopps skål. Tillsätt innehållet i burkar med vattenkastanjer och bambuskott. Tillsätt svampen och tofun och innehållet i burken med krabbkött. Vispa. Täck skålen med folie (plastfolie) och skär den två gånger så att ångan kan rinna ut. Koka på fullt i 15 minuter. Avtäck försiktigt för att undvika brännskador och rör om väl för att blanda blandningen. Blanda majsmjölet med vattnet och vinägern tills det är jämnt och rör sedan i resten av ingredienserna. Rör försiktigt ner i soppan. Täck som tidigare och koka på fullt i 4 minuter. Rör om och täck med en stor tallrik eller lock. Låt stå i 2 minuter. Servera varm i porslinsskålar.

Lätt orientalisk soppa

Serverar 3-4

400 ml/16 fl oz/1 stor burk mulligatawny soppa
400 ml/16 fl oz/1 stor burk kokosmjölk
Salt
Chili pulver
Hackad koriander (koriander)
Popadoms, att tjäna

Häll soppa och kokosmjölk i en skål på 1,75 L/3 pt/7½ kopp. Tillsätt salt efter smak. Värm utan lock i hela 7-8 minuter, rör om två gånger. Häll upp i varma skålar, strö över chilipulver och koriander och servera med popad.

Soppa med leverknödel

Serverar 4

50 g/2 oz/1 kopp färskt vitt ströbröd
50 g/2 oz/½ kopp kycklingbröst, malda (malda)
15 ml/1 matsked mycket finhackad persilja, plus extra till garnering
5 ml/1 tsk riven lök
1,5 ml/¼ tesked mejram
1,5 ml/¼ tesked salt
Nymalen svartpeppar
½ ägg, vispat
750 ml/1¼ poäng/3 koppar ren nötkött eller kycklingfond eller utspätt köttkoncentrat på burk

Lägg alla ingredienser, utom fonden eller consomméen, i en mixerskål. Blanda noga och forma 12 små dumplings. Häll fonden eller consomméen i en djup skål på 1,5 liter/2½ pt/6 koppar och täck med en tallrik. Koka upp helt, låt stå i ca 8-10 minuter. Lägg till dumplings. Koka utan lock i 3-4 minuter tills gnocchin har stigit och flyter till toppen av soppan. Häll upp i varma skålar, strö över persilja och servera genast.

Krämig morotssoppa

Serverar 6

30 ml/2 matskedar majsmjöl (majsstärkelse)
550 g/1¼ lb/1 stor burk morötter
450 ml/¾ poäng/2 koppar kall mjölk
7,5–10 ml/1½–2 tsk salt
300 ml/½ punkt/1¼ kopp varmt vatten
60 ml/4 matskedar enkel (lätt) kräm

Lägg majsmjölet i en 3 quart/5¼ pt/12 kopparskål. Blanda väl med vätskan från morotsburken. Mixa morötterna till massa i en mixer eller matberedare. Lägg i skålen med mjölk och salt. Koka, utan lock, på hög temperatur i 12 minuter tills den tjocknat, vispa försiktigt fyra till fem gånger för att säkerställa jämnhet. Späd med varmt vatten. Häll upp i uppvärmda skålar och rör ner 10 ml/2 tsk grädde i varje portion.

Kyld morots- och purjolökssoppa

Serverar 6

1 stor purjolök, hackad och noggrant tvättad
4 stora morötter, tunt skivade
3 små-medelstora potatisar skurna i små tärningar
150 ml/¼ pt/2/3 kopp varmt vatten
600 ml/1 pt/2½ dl grönsaksfond
300 ml/½ punkt/1¼ kopp enkel (lätt) kräm
Salt och nymalen svartpeppar
Hackad vattenkrasse

Hacka purjolöken grovt. Lägg alla grönsaker i en 2 liter/3½ punkts/8½ kopps skål med varmt vatten. Täck med folie (plastfolie) och skär två gånger så att ånga kan komma ut. Koka på hög temperatur i 15 minuter tills grönsakerna är mjuka. Överför till en mixer eller matberedare med vätskan från skålen och bearbeta till en slät puré, tillsätt lite fond om det behövs. Riv ner i en stor skål och rör ner resterande fond. Täck över och kyl. Innan servering, vispa grädden försiktigt och krydda. Häll upp i soppglas och strö vardera med vattenkrasse.

Morot och koriander soppa

Serverar 6

Förbered som för krämig morotssoppa, men tillsätt en näve färska korianderblad till morötterna i en mixer eller matberedare. Grädde kan läggas till som tillval.

Morot med apelsinsoppa

Serverar 6

Förbered som grädde på morotssoppa, men tillsätt 10 ml/2 tsk rivet apelsinskal till soppan halvvägs genom tillagningen. Toppa varje portion med vispad grädde som du har lagt till lite Grand Marnier.

Sallad gräddsoppa

Serverar 6

75 g/3 oz/1/3 kopp smör eller margarin
2 lökar, riven
225 g rund mjuk sallad skuren i strimlor
600 ml/1 poäng/2½ koppar helmjölk
30 ml/2 matskedar majsmjöl (majsstärkelse)
300 ml/½ punkt/1¼ kopp varmt vatten eller grönsaksbuljong
2,5 ml/½ tesked salt

Smält 50 g/2 oz/¼ kopp smör eller margarin i en 1,75 L/3 pt/7½ kopp upptiningsskål i 2 minuter. Blanda löken och salladen. Täck med en tallrik och koka på fullt i 3½ minuter. Överför till en mixer med en tredjedel av mjölken. Bearbeta till en slät puré. Återgå till skålen. Blanda majsmjölet med 60 ml/4 matskedar av den återstående mjölken tills det är slätt. Tillsätt eventuell återstående mjölk, varmt vatten eller fond och salt till soppan. Koka utan lock på fullt i 15 minuter, vispa ofta så att den blir slät. Servera i uppvärmda skålar med 5 ml/1 tsk smör tillsatt till varje.

Grön purésoppa

Serverar 4–6

1 stor rund sallad
125 g vattenkrasse eller ung spenat
1 purjolök, endast vit del, skivad
300 ml/½ punkt/1¼ kopp varmt vatten
60 ml/4 matskedar majsmjöl (majsstärkelse)
300 ml/½ punkt/1¼ kopp kall mjölk
25 g/1 oz/2 msk smör eller margarin
Salt
Croûtons, att servera

Skölj och riv sallad och vattenkrasse eller spenat noggrant. Lägg i en 1,5 liters/2½ pt/6 kopparskål med purjolöken och vattnet. Täck med folie (plastfolie) och skär två gånger så att ånga kan komma ut. Koka i hela 10 minuter, vänd på grytan två gånger. Låt svalna i 10 minuter. Häll över till en mixer och bearbeta till en slät puré. Återgå till skålen. Blanda majsmjöl med mjölk tills det är slätt. Lägg i en skål med smör eller margarin och salta efter smak. Koka utan lock på hög nivå, rör om tre gånger, i 8-10 minuter eller tills det är varmt och något tjocknat. Häll upp i varma soppskålar och toppa var och en med krutonger.

Palsternacka och persiljesoppa med wasabi

Serverar 6

Med en subtil ton av pepparrot från wasabin, är detta en spännande smaksatt, mycket original soppa med en subtil antydan av sötma från palsternackan.

30 ml/2 matskedar majs- eller solrosolja
450g/1lb palsternacka, skalad och skivad
900 ml/1½ poäng/3¾ koppar välkryddad varm grönsaks- eller kycklingfond
10 ml/2 tsk japanskt wasabipulver
30 ml/2 matskedar hackad persilja
150 ml/¼ pt/2/3 kopp enkel (lätt) grädde

Häll oljan i en skål på 2 liter/3½ punkt/8½ kopp. Tillsätt palsternackan. Täck med folie (plastfolie) och skär två gånger så att ånga kan komma ut. Koka i hela 7 minuter, vänd på grytan två gånger. Tillsätt fond och wasabipulver. Täck med en tallrik och koka i 6 minuter. Låt svalna något och mixa sedan tills det är slätt i en mixer. Återgå till skålen. Rör ner persiljan. Täck som tidigare och koka på fullt i 5 minuter. Rör ner grädden och servera.

Sötpotatissoppa

Serverar 6

Gör som en palsternacka och persiljesoppa med wasabi, men byt ut palsternackan mot skivad sötpotatis mot apelsinmassa.

Krämig grönsakssoppa

Serverar 4–6

En mycket användbar soppa - använd vilken kombination av grönsaker du vill eller har tillgänglig.

450 g/1 lb blandade färska grönsaker

1 lök, hackad

25 g/1 oz/2 msk smör eller margarin eller 30 ml/2 msk solrosolja

175 ml/6 fl oz/¾ kopp vatten

450 ml/¾ pt/2 koppar mjölk eller blandad mjölk och vatten

15 ml/1 matsked majsmjöl (majsstärkelse)

2,5 ml/½ tesked salt

Hackad persilja

Vi förbereder grönsakerna efter typ och skär dem i små bitar. Lägg i en 2-liters/3½-punkts/8½-kopps skål med lök, smör, margarin eller olja och 30 ml/2 msk vatten. Täck med en plåt och koka på fullt i 12–14 minuter tills de är mjuka, rör om fyra gånger. Puré tills den är slät i en mixer. Återgå till skålen med tre fjärdedelar av mjölken eller mjölken och vattnet. Blanda majsmjölet noggrant med den återstående vätskan och tillsätt den i skålen med salt. Koka, utan lock, på full värme i 6 minuter, rör om fyra gånger. Häll upp i soppskålar och strö persilja över var och en.

Grön ärtsoppa

Serverar 4–6

Förbered som för den krämiga grönsakssoppan, men ersätt de blandade grönsakerna och löken med 450 g frysta trädgårdsärter. Istället för persilja, garnera lätt med hackad mynta.

Squash soppa

Serverar 4–6

Tillaga som en krämig grönsakssoppa, men ersätt 450 g skalad och tärnad zucchini, märg, pumpa, butternut squash eller turbansquash med de blandade grönsakerna och löken. Strö varje portion med riven muskot istället för persilja.

Krämig svampsoppa

Serverar 4–6

Förbered som en krämig grönsakssoppa, men byt ut blandningen av grönsaker och lök mot svamp.

Krämig pumpasoppa

Serverar 6-8

Mest för hallowe'en, men soppan är underbart kyld, så frys in eventuella rester eller gör en extra sats medan pumpor är i säsong och spara den till försommaren.

1,75 kg/4 lb färsk pumpa, antingen i bitar eller hel

2 lökar, grovt hackade

15–20 ml/3–4 tsk salt

600 ml/1 poäng/2½ koppar helmjölk

15 ml/1 matsked majsmjöl (majsstärkelse)

30 ml/2 matskedar kallt vatten

2,5 ml/½ tsk riven muskotnöt

Croûtons, för servering (valfritt)

Skär pumpan i cirklar som en vattenmelon. Ta bort fröna och tvätta och torka dem. Ordna på en tallrik i ett enda lager. Stek lätt, utan lock, i 4 minuter. Låt svalna, öppna sedan skalen och ta bort de inre fröna. Reservera. Skala pumpan och skär fruktköttet i ganska stora tärningar. Lägg i en stor skål med löken och blanda väl. Täck ordentligt med plastfolie (plastfolie) men skär inte. Koka i hela 30 minuter, vänd skålen fyra gånger. Ta ut ur ugnen och låt stå i 10 minuter. Mixa pumpan, löken och matlagningsvätskan till en slurry i flera omgångar i en mixer eller matberedare. Återgå till skålen. Rör ner salt och mjölk.

Blanda majsmjölet med vatten tills det är slätt och tillsätt det i gröten med muskotnöt. Värm, utan lock, i hela 7 minuter, vispa varje minut.

Cock-a-leekie soppa

Serverar 6-8

4 portioner kyckling
4 purjolök, grovt riven
1,25 liter/2¼ poäng/5½ koppar varmt vatten
10 ml/2 tsk salt
1 påse bukett garni
50 g/2 oz/¼ kopp lätt kokt långkornigt ris
12 urkärnade plommon

Tvätta kycklingen och lägg den i en 20 cm/8 djup ugnsform (nederländsk ugn). Tillsätt purjolöken. Täck med folie (plastfolie) och skär två gånger så att ånga kan komma ut. Koka på fullt i 12 minuter. Ta ut kycklingen ur skålen, ta bort benen från köttet och skär i lagom stora bitar. Reservera. Häll vattnet i den andra stora skålen. Tillsätt salt och bouquet garni med ris, purjolök och vätska från grytan. Täck med en tallrik och koka i 18 minuter. Rör ner kycklingen och katrinplommonen. Täck som tidigare och koka i ytterligare 3 minuter. Ät väldigt varmt.

Skotsk buljong

Serverar 6

30 ml/2 matskedar pärlkorn

225 g lammfilé skuren i lagom stora tärningar

1,2 liter/2 poäng/5 koppar varmt vatten

1 stor lök, hackad

1 morot, skuren i små tärningar

1 liten beta, skuren i små tärningar

1 liten purjolök, riven

Salt och nymalen svartpeppar

Hackad persilja

Blötlägg kornet i 75 ml/5 matskedar kallt vatten i 4 timmar. Släpp. Lägg lammet i en skål på 2,25 L/4 poäng/10 koppar. Tillsätt varmt vatten och korn. Täck med en tallrik och koka på fullt i 4 minuter. Skumma. Tillsätt de förberedda grönsakerna och salt och peppar efter smak. Täck som tidigare och koka på fullt i 25-30 minuter tills kornet är mört. Låt stå i 5 minuter. Häll upp i värmda soppskålar och strö var och en generöst med persilja.

Israelisk kyckling och avokadosoppa

Serverar 4–5

900 ml/1½ poäng/3¾ koppar välkryddad kycklingfond

1 stor mogen avokado, skalad och urkärnad
30 ml/2 matskedar färsk citronsaft

Häll kycklingfonden i en skål på 1,5 liter/2½ punkt/6 koppar. Täck med en plåt och värm till Full i 9 minuter. Mosa avokadomassan med citronsaft till en tjock pasta. Rör ner i den varma buljongen. Täck som tidigare och värm i en hel minut. Servera varm.

Avokadosoppa med rödbetor

Serverar 4–5

Förbered som en israelisk kyckling- och avokadosoppa, garnera varje portion med 7,5 ml/1½ tsk riven kokt rödbetor (rödbetor).

Borsch

Serverar 6

450g/1lb rå rödbetor (rödbetor)
75 ml/5 matskedar vatten

1 stor morot, skalad och riven

1 liten beta, skalad och riven

1 lök, skalad och riven

750 ml/1¼ poäng/3 koppar varm nöt- eller grönsaksbuljong

125 g vitkål, riven

15 ml/1 matsked citronsaft

5 ml/1 tsk salt

Nymalen svartpeppar

90 ml/6 msk sur (mjölksur) grädde

Tvätta rödbetorna noga, men låt dem vara oskalade. Lägg i en 20 cm/8 grund form i ett enda lager med vatten. Täck med folie (plastfolie) och skär två gånger så att ånga kan komma ut. Koka på fullt i 15 minuter. Placera morötter, vattenkrasse och lök i en 2-quart/3½-quart/8½-cup skål. Låt rinna av och skala rödbetan och hacka den. Tillsätt 150 ml/¼ pt/2/3 kopp fond i skålen med grönsakerna. Täck som tidigare och koka på fullt i 10 minuter. Blanda i resten av buljongen och alla övriga ingredienser utom gräddfil, krydda efter smak. Täck med en tallrik och koka i hela 10 minuter, rör om fyra gånger. Häll upp i uppvärmda soppskålar och toppa var och en med 15 ml/1 tsk gräddfil.

Kall Bortsch

Serverar 6

Förbered som för Bortsch och låt svalna. Sila medan den är kall. Tillsätt 150 ml/¼ pt/2/3 kopp kallt vatten och 1 stor kokt rödbeta, grovt riven. Låt stå i 15 minuter. Sila igen. Tillsätt extra citronsaft efter smak. Låt svalna i flera timmar innan servering.

Krämig kall Bortsch

Serverar 6

Förbered dig som för Cold Bortsch. Efter den andra silen, blanda i en mixer eller matberedare med 250 ml/8 fl oz/1 kopp halvfet crème fraîche. Lugna ner dig.

Apelsin linssoppa

Serverar 4–5

125 g/4 oz/½ kopp orange linser

1 stor lök, riven

1 stor morot, riven

½ liten beta, riven

1 potatis, riven

20 ml/4 tsk smör eller margarin

5 ml/1 tesked majs- eller solrosolja

30 ml/2 matskedar hackad persilja, plus extra till garnering

900 ml/1½ poäng/3¾ koppar het kyckling- eller grönsaksfond

Salt och nymalen svartpeppar

Tvätta och låt rinna av linserna. Placera grönsaker, smör eller margarin och olja i en 2-quart/3½-punkts/8½-kopps skål. Tillsätt persiljan. Koka utan lock i 5 minuter och rör om tre gånger. Rör ner linserna och en tredjedel av den varma buljongen. Krydda efter smak. Täck med folie (plastfolie) och skär två gånger så att ånga kan komma ut. Koka på hög nivå i 10 minuter tills linserna är mjuka. (Om inte, koka i ytterligare 5-6 minuter.) Överför till en mixer eller matberedare och bearbeta tills den är grov. Återgå till skålen med resterande buljong. Täck med en plåt och värm i hela 6 minuter, rör om tre gånger. Servera omedelbart, strö varje portion med persilja.

Apelsin linssoppa med ost och rostade cashewnötter

Serverar 4–5

Förbered som apelsin linssoppa, men efter den sista värmen, rör ner 60ml/4 msk riven Eidamost och 60ml/4 msk grovt hackade rostade cashewnötter.

Linssoppa med tomatgarnering

Serverar 4–5

Gör som apelsin linssoppa, men istället för att strö över persilja, tillsätt 5 ml/1 tsk soltorkad tomatpuré till varje portion och toppa sedan med en skiva färsk tomat.

Gul ärtsoppa

Serverar 6-8

Den svenska varianten av ärtsoppa, som äts varje torsdag i Sverige. Det följs vanligtvis av pannkakor och sylt.

350 g/12 oz/1½ koppar gula ärtor, tvättade

900 ml/1½ poäng/3¾ koppar kallt vatten
5 ml/1 tsk mejram
1 skinkben, ca 450-500g/1lb
750 ml/1¼ poäng/3 koppar varmt vatten
5–10 ml/1–2 tsk salt

Lägg de delade ärtorna i en mixerskål. Tillsätt kallt vatten. Täck med en tallrik och koka i 6 minuter. Låt stå i 3 timmar. Överför ärter och blötläggningsvatten till en skål på 2,5 L/4½ pt/11 koppar. Rör ner mejram och tillsätt skinkbenet. Täck med folie (plastfolie) och skär två gånger så att ånga kan komma ut. Koka på fullt i 30 minuter. Blanda i hälften varmt vatten. Täck som tidigare och koka på fullt i ytterligare 15 minuter. Ta bort benet. Vi tar bort köttet från benet och skär det i små bitar. Återgå till soppan med det återstående varma vattnet. Krydda med salt. Blanda väl. Täck med en plåt och värm till Full i 3 minuter. Soppan kan spädas med kokt vatten efter behov.

fransk löksoppa

Serverar 6

30 ml/2 matskedar smör, margarin eller solrosolja
4 lökar skärs i tunna skivor och delas i ringar
20 ml/4 tsk majsmjöl (majsstärkelse)
900 ml/1½ poäng/3¾ koppar varm nötbuljong eller consommé
Salt och nymalen svartpeppar
6 skivor franskbröd, skivade diagonalt

90ml/6 msk riven Gruyère (schweizisk) eller Jarlsbergost
röd paprika

Placera smöret, margarinet eller oljan i en 2-quart/3½-punkts/8½-kopps skål. Värm, utan lock, i hela 2 minuter. Rör ner lökringarna i skålen. Koka utan lock i 5 minuter på fullt. Rör ner majsmjölet. Rör gradvis i hälften av den varma buljongen. Täck behållaren med folie (plastfolie) och skär den två gånger så att ånga kan komma ut. Koka på full effekt i 30 minuter, vänd på grytan fyra gånger. Rör ner resterande buljong och krydda. Blanda väl. Häll upp soppan i sex skålar och lägg till en skiva bröd till varje. Strö över ost och paprika. Sätt tillbaka varje skål individuellt i mikrovågsugnen och värm i 1½ minut tills osten smält och bubblar. Ät nu.

Minestrone

Serverar 8-10

350 g zucchini (zucchini), tunt skivad
225 g morötter, skurna i tunna skivor
225 g lök, grovt hackad
125 g vitkål, riven
125 g grönkål, riven
3 stjälkar selleri, tunt skivade

3 potatisar, skurna i tärningar

125 g/4 oz/1 kopp färska eller frysta ärtor

125 g färska eller frysta gröna bönor, skurna i skivor

400 g/14 oz/1 stor burk tomater

30 ml/2 matskedar tomatpuré (pasta)

50 g/2 oz makaroner, skurna i korta längder

1 liter/1¾ poäng/4¼ koppar varmt vatten

15–20 ml/3–4 tsk salt

100 g/3½ oz/1 kopp riven parmesanost

Lägg alla de förberedda grönsakerna i en 3,5 liters/6 point/15 kopparskål. Rör ner resten av ingredienserna förutom vattnet och saltet, krossa tomaterna mot sidan av skålen med baksidan av en träslev. Täck med en stor tallrik och koka i hela 15 minuter, rör om tre gånger. Blanda i cirka tre fjärdedelar varmt vatten. Täck som tidigare och koka i hela 25 minuter, rör om fyra eller fem gånger. Ta bort från mikrovågsugnen. Rör i resten av vattnet och salt efter smak. Om soppan verkar för tjock, späd den med extra kokande vatten. Häll upp i djupa skålar och servera separat med parmesanost.

Minestrone Genovese

Serverar 8-10

Förbered som Minestrone, men rör i 30ml/2 msk av den färdiga gröna peston innan servering.

Italiensk potatissoppa

Serverar 4–5

1 stor lök, hackad
30 ml/2 matskedar oliv- eller solrosolja
4 stora potatisar
1 litet kokt skinkben
1,25 liter/2¼ poäng/5½ koppar het kycklingfond
Salt och nymalen svartpeppar
60 ml/4 matskedar enkel (lätt) kräm
Riven muskotnöt

30 ml/2 matskedar hackad persilja

Placera lök och olja i en skål på 2,25 L/4 pt/10 koppar. Koka utan lock för att tina i 5 minuter och rör om två gånger. Skala och riv under tiden potatisen. Blanda i löken och tillsätt skinkben, varm buljong samt salt och peppar efter smak. Täck med en plåt och koka i 15-20 minuter, rör om två gånger, tills potatisen är mjuk. Rör ner grädden, häll upp i soppskålar och strö över muskotnöt och persilja.

Färsk tomat och selleri soppa

Serverar 6-8

900g/2lb mogna tomater, blancherade, skalade och delade i fjärdedelar

50g/2oz/¼ kopp smör eller margarin eller 30ml/2msk olivolja

2 stjälkar selleri, finhackad

1 stor lök finhackad

30 ml/2 matskedar mörkt brunt socker

5 ml/1 tsk sojasås

2,5 ml/½ tesked salt

300 ml/½ punkt/1 ¼ kopp varmt vatten
30 ml/2 matskedar majsmjöl (majsstärkelse)
150 ml/¼ pt/2/3 kopp kallt vatten
Medium sherry

Mixa tomaterna i en mixer eller matberedare. Häll smör, margarin eller olja i en skål på 1,75 liter/3 pt/7½ kopp. Värm på full effekt i 1 minut. Rör ner selleri och lök. Täck med en tallrik och koka i 3 minuter. Tillsätt mosade tomater, socker, sojasås, salt och varmt vatten. Täck som tidigare och koka i hela 8 minuter, rör om fyra gånger. Blanda under tiden majsmjöl med kallt vatten tills det är slätt. Blanda ner i soppan. Koka utan lock på fullt i 8 minuter, rör om fyra gånger. Häll upp i soppskålar och tillsätt en klick sherry till varje.

Tomatsoppa med avokadodressing

Serverar 8

2 mogna avokado
Saften av 1 liten lime
1 vitlöksklyfta, krossad
30 ml/2 matskedar senapsmajonnäs
45 ml/3 matskedar crème fraîche
5 ml/1 tsk salt
En nypa gurkmeja
600 ml/20 fl oz/2 burkar kondenserad tomatsoppa
600 ml/1 poäng/2½ koppar varmt vatten

2 tomater, blancherade, skalade, kärnade och delade i fjärdedelar

Skala och halvera avokadon, ta bort kärnorna. Mosa fruktköttet fint och blanda sedan med limejuice, vitlök, majonnäs, crème fraîche, salt och gurkmeja. Täck över och kyl tills det behövs. Häll båda burkarna soppa i en skål på 1,75 liter/3 pt/7½ kopp. Vispa försiktigt i vatten. Skär köttet av tomaterna i strimlor och tillsätt två tredjedelar i soppan. Täck skålen med en tallrik och koka högst i 9 minuter tills den är väldigt varm, rör om fyra eller fem gånger. Häll i soppskålar och toppa var och en med en klick avokadodressing. Garnera med resterande tomatremsor.

Kyld ost och löksoppa

Serverar 6-8

25 g/1 oz/2 msk smör eller margarin
2 lökar, hackade
2 stjälkar selleri, finhackad
30 ml/2 matskedar vanligt (all-purpose) mjöl
900 ml/1½ poäng/3¾ koppar varm kyckling- eller grönsaksfond
45 ml/3 matskedar torrt vitt vin eller vit portvin
Salt och nymalen svartpeppar
125 g/4 oz/1 kopp ädelost, smulad
125 g/4 oz/1 kopp cheddarost, riven
150 ml/¼ pt/2/3 kopp vispgrädde

Finhackad salvia, till dekoration

Häll smör eller margarin i en skål på 2,25 liter/4 pt/10 koppar. Smält utan lock för att tina i 1½ minut. Rör ner lök och selleri. Täck med en tallrik och koka i 8 minuter. Ta bort från mikrovågsugnen. Blanda i mjölet och blanda sedan gradvis i fonden och vin eller portvin. Täck som tidigare och låt koka högt i 10-12 minuter, vispa var 2-3:e minut, tills soppan är slät, tjock och varm. Krydda efter smak. Tillsätt ostar och rör om tills det smält. Täck över och låt svalna och ställ sedan i kylen i flera timmar eller över natten. Innan servering, rör om och rör försiktigt ner grädden. Häll upp i glas eller skålar och strö varje lätt med salvia.

Ostsoppa i schweizisk stil

Serverar 6-8

25 g/1 oz/2 msk smör eller margarin
2 lökar, hackade
2 stjälkar selleri, finhackad
30 ml/2 matskedar vanligt (all-purpose) mjöl
900 ml/1½ poäng/3¾ koppar varm kyckling- eller grönsaksfond
45 ml/3 matskedar torrt vitt vin eller vit portvin
5 ml/1 tsk spiskummin
1 vitlöksklyfta, krossad
Salt och nymalen svartpeppar
225 g/8 oz/2 koppar emmentaler eller Gruyère (schweizisk) ost, riven

150 ml/¼ pt/2/3 kopp vispgrädde

Krutonger

Häll smör eller margarin i en skål på 2,25 liter/4 pt/10 koppar. Smält utan lock för att tina i 1½ minut. Rör ner lök och selleri. Täck med en tallrik och koka i 8 minuter. Ta bort från mikrovågsugnen. Blanda i mjölet och blanda sedan gradvis i fonden och vin eller portvin. Rör ner spiskummin och vitlök. Täck som tidigare och låt koka högt i 10-12 minuter, vispa var 2-3:e minut, tills soppan är varm, slät och tjock. Krydda efter smak. Tillsätt osten och rör tills den smält. Rör ner grädden. Häll upp i glas eller skålar och servera varma, garnerade med krutonger.

Avgolemonosoppa

Serverar 6

1,25 liter/2¼ poäng/5½ koppar het kycklingfond

60 ml/4 matskedar risottoris

Saften av 2 citroner

2 stora ägg

Salt och nymalen svartpeppar

Häll fonden i en 1,75 liter/3 pt/7½ kopp djup form. Rör ner riset. Täck med en tallrik och koka på fullt i 20-25 minuter, tills riset är mjukt. I en soppskål eller annan stor serveringsskål, vispa ihop citronsaft och ägg ordentligt. Rör försiktigt ner buljongen och riset. Krydda efter smak innan servering.

Krämig gurksoppa med pastis

Serverar 6-8

900g/2lb gurkor, skalade

45 ml/3 matskedar smör eller margarin

30 ml/2 matskedar majsmjöl (majsstärkelse)

600 ml/1 poäng/2½ dl kyckling- eller grönsaksbuljong

300 ml/½ punkt/1¼ kopp vispgrädde

7,5–10 ml/1½–2 tsk salt

10 ml/2 teskedar Pernod eller Ricard (pastis)

Nymalen svartpeppar

Hackad dill (dill ogräs)

Skär gurkan i mycket tunna skivor med ett rivjärn eller bladet på en matberedare. Lägg i en skål, täck över och låt stå i 30 minuter så att en del av fukten kan rinna av. Vrid så torrt som möjligt i en ren handduk (diskhandduk). Häll smör eller margarin i en skål på 2,25 liter/4 pt/10 koppar. Smält utan lock för att tina i 1½ minut. Rör ner gurkan. Täck med en plåt och blanda tre gånger i 5 minuter för fullt. Blanda majsmjölet med lite av fonden tills det är slätt, tillsätt sedan resten av fonden. Blanda gradvis ner i gurkan. Koka, utan lock, på Full i cirka 8 minuter, rör om tre till fyra gånger, tills soppan är varm, slät och tjockare. Tillsätt grädde, salt och pastis och blanda väl. Värm utan lock på full effekt i 1-1½ minut. Krydda med peppar.

Currysoppa med ris

Serverar 6

Behagligt mild anglo-indisk kycklingsoppa.

30 ml/2 matskedar jordnöts- eller solrosolja

1 stor lök, hackad

3 stjälkar selleri, finhackad

15 ml/1 matsked mild curry

30 ml/2 matskedar medium torr sherry

1 liter/1¾ poäng/4¼ koppar kyckling- eller grönsaksbuljong

125 g/4 oz/½ kopp långkornigt ris

5 ml/1 tsk salt

15 ml/1 matsked sojasås

175 g/6 oz/1½ koppar kokt kyckling, skuren i strimlor
Tjock vanlig yoghurt eller crème fraîche till servering

Häll oljan i en skål på 2,25 liter/4 pt/10 koppar. Värm, utan lock, i en hel minut. Tillsätt lök och selleri. Koka utan lock i 5 minuter på fullt, rör om en gång. Blanda curry, sherry, fond, ris, salt och soja. Täck med en plåt och blanda två gånger i 10 minuter. Tillsätt kycklingen. Täck som tidigare och koka på fullt i 6 minuter. Häll upp i skålar och tillsätt yoghurt eller crème fraîche i varje skål.

Vichyssoise

Serverar 6

En lyxig och kyld version av purjolöks- och potatissoppa uppfann av den amerikanske kocken Louis Diat i början av 1900-talet.

2 porer
350 g skalad och skivad potatis
25 g/1 oz/2 msk smör eller margarin
30 ml/2 matskedar vatten
450 ml/¾ pt/2 koppar mjölk
15 ml/1 matsked majsmjöl (majsstärkelse)
150 ml/¼ pt/2/3 kopp kallt vatten
2,5 ml/½ tesked salt
150 ml/¼ pt/2/3 kopp enkel (lätt) grädde
Hackad gräslök till dekoration

Skär purjolöken, skär bort det mesta av det gröna. Skär resten och tvätta noggrant. Hacka grovt. Lägg i en 2-quart/3½-quart/8½-kopps skål med potatis, smör eller margarin och vatten. Täck med en tallrik och koka i hela 12 minuter, rör om fyra gånger. Överför till en mixer, tillsätt mjölk och bearbeta till en slurry. Återgå till disken. Blanda majsmjölet med vatten tills det är slätt och tillsätt i skålen. Krydda med salt. Koka, utan lock, på fullt i 6 minuter, vispa varje minut. Låt svalna. Rör ner grädden. Täck och svalna ordentligt. Häll upp i skålar och strö varje portion med gräslök.

Kyld gurksoppa med yoghurt

Serverar 6-8

25 g/1 oz/2 msk smör eller margarin

1 stor vitlöksklyfta

1 gurka, skalad och grovt riven

600 ml/1 pt/2½ koppar vanlig yoghurt

300 ml/½ punkt/1¼ kopp mjölk

150 ml/¼ pt/2/3 kopp kallt vatten

2,5–10 ml/½–2 tsk salt

Hackad mynta, till dekoration

Häll smöret eller margarinet i en skål på 1,75 liter/3 pt/7½ kopp. Värm, utan lock, i en hel minut. Krossa vitlöken och tillsätt gurkan. Koka utan lock i 4 minuter och rör om två gånger. Ta bort från mikrovågsugnen. Vispa i alla resterande ingredienser. Täck över och ställ i kylen i flera timmar. Häll upp i skålar och strö varje portion med mynta.

Kyld spenatsoppa med yoghurt

Serverar 6-8

25 g/1 oz/2 msk smör eller margarin

1 stor vitlöksklyfta

450g/1lb unga spenatblad, strimlad

600 ml/1 pt/2½ koppar vanlig yoghurt

300 ml/½ punkt/1¼ kopp mjölk

150 ml/¼ pt/2/3 kopp kallt vatten

2,5–10 ml/½–2 tsk salt

Saften av 1 citron

Riven muskotnöt eller malda valnötter till garnering

Häll smöret eller margarinet i en skål på 1,75 liter/3 pt/7½ kopp. Värm, utan lock, i en hel minut. Krossa vitlöken och tillsätt spenaten. Koka utan lock i 4 minuter och rör om två gånger. Ta bort från mikrovågsugnen. Mixa till en grov puré i en mixer eller matberedare. Vispa i alla resterande ingredienser. Täck över och ställ i kylen i flera timmar. Häll upp i skålar och strö varje portion med muskotnöt eller malda valnötter.

Sherried kyld tomatsoppa

Serverar 4–5

300 ml/½ pt/1¼ koppar vatten
300 ml/10 fl oz/1 burk kondenserad tomatsoppa
30ml/2 msk torr sherry
150 ml/¼ pt/2/3 kopp dubbel (tung) grädde
5 ml/1 tsk Worcestershiresås
Hackad gräslök till dekoration

Häll vattnet i en kastrull på 1,25 liter / 2¼ pt / 5½ kopp och värm upp utan lock i 4-5 minuter tills det bubblar. Vispa i tomatsoppan. När den är helt slät, blanda noggrant i resten av ingredienserna. Täck över och kyl i 4-5 timmar. Blanda, häll upp i glasskålar och strö var och en med gräslök.

New England Fish Chowder

Serverar 6-8

Clam Chowder, som alltid serveras i Nordamerika till söndagsbrunch, är den ultimata klassikern, men eftersom musslor inte är så lätta att få tag på har den ersatts av vit fisk.

5 grovt hackade skivor bacon
1 stor lök, skalad och riven
15 ml/1 matsked majsmjöl (majsstärkelse)
30 ml/2 matskedar kallt vatten
450 g potatis, skuren i 1 cm/½ tjocka tärningar
900 ml/1½ poäng/3¾ koppar varm helmjölk
450 g / 1 lb fasta vita fiskfiléer, skalade och skurna i lagom stora bitar
2,5 ml/½ tesked mald muskotnöt
Salt och nymalen svartpeppar

Lägg baconet i en 2,5-quart/4½-punkts/11-kopps skål. Tillsätt löken och låt puttra helt utan lock i 5 minuter. Blanda majsmjöl med vatten tills det är slätt och blanda i en skål. Rör ner potatisen och hälften av den varma mjölken. Koka utan lock i 6 minuter och rör om tre gånger. Rör ner den återstående mjölken och koka utan lock på Full i 2 minuter. Tillsätt fisken med muskotnöt och salt efter smak. Täck med en tallrik och koka på fullt i 2 minuter, tills fisken är mjuk. (Oroa dig inte om fisken börjar flagna.) Häll upp i djupa skålar och ät genast.

Krabbasoppa

Serverar 4

25 g/1 oz/2 msk osaltat (söt) smör

20 ml/4 teskedar vanligt (all-purpose) mjöl

300 ml/½ punkt/1¼ kopp värmd helmjölk

300 ml/½ pt/1¼ koppar vatten

2,5 ml/½ tsk engelsk senap

En nypa het pepparsås

25 g/1 oz/¼ kopp cheddarost, riven

175g/6oz ljust och mörkt krabbkött

Salt och nymalen svartpeppar

45 ml/3 matskedar torr sherry

Häll smöret i en skål på 1,75 liter/3 pt/7½ kopp. Smält under upptining i 1–1½ minut. Rör ner mjölet. Koka utan lock i 30 sekunder på fullt. Blanda gradvis mjölk och vatten. Koka utan lock på hög temperatur i 5-6 minuter tills den är slät och tjock, vispa varje minut. Blanda i alla resterande ingredienser. Koka utan lock på fullt i 1½–2 minuter, rör om två gånger, tills det är varmt.

Krabba och citronsoppa

Serverar 4

Förbered som krabbasoppa, men tillsätt 5 ml/1 tsk finrivet citronskal med resterande ingredienser. Strö varje portion med lite riven muskotnöt.

Hummerbisque

Serverar 4

Förbered som för krabbasoppa, men ersätt enkel (lätt) grädde istället för mjölk och hacka krabbköttet från hummern.

Torkad förpackad soppa

Häll innehållet i förpackningen i en skål på 1,25 liter/2¼ pt/5½ kopp. Blanda gradvis i den rekommenderade mängden kallt vatten. Täck över och låt stå i 20 minuter för att mjuka upp grönsakerna. Vispa. Täck med en tallrik och koka på Full i 6–8 minuter, rör om två gånger, tills soppan kokar och tjocknar. Låt stå i 3 minuter. Blanda och servera.

Kondenserad soppa på burk

Häll soppan i ett mått på 1,25 liter/2¼ pt/5½ kopp. Tillsätt 1 burk kokande vatten och vispa noggrant. Täck med en tallrik eller fat och värm på fullt i 6-7 minuter, vispa två gånger, tills soppan precis kokar upp. Häll upp i skålar och servera.

Uppvärmning av soppor

För framgångsrika resultat, värm upp klara eller tunna soppor till fulla och krämiga soppor och buljonger till upptining.

Uppvärmning av ägg för matlagning

Ovärderligt om du bestämmer dig för att baka i sista minuten och behöver ägg i rumstemperatur.

För 1 ägg: knäck ägget i en liten skål eller glas. Stick igenom gulan två gånger med ett spett eller spetsen på en kniv för att förhindra att skalet spricker och att gulan exploderar. Täck skålen eller koppen med ett fat. Värm för upptining i 30 sekunder.

För 2 ägg: som 1 ägg, men värm i 30-45 sekunder.

För 3 ägg: som 1 ägg, men värm i 1–1¼ minuter.

Pocherade ägg

Dessa tillagas bäst individuellt i sina egna rätter.

För 1 ägg: häll 90 ml/6 msk varmt vatten i en grund skål. Tillsätt 2,5 ml/½ tesked mild vinäger för att förhindra vit spridning. Skjut försiktigt in 1 ägg, först krossat i glaset. Stick hål i gulan två gånger med ett spett eller spetsen på en kniv. Täck med en plåt och grädda i 45 sekunder - 1¼ minuter, beroende på hur stel du gillar dina äggvitor. Låt stå i 1 minut. Ta bort den perforerade fiskskivan från skålen.

För 2 ägg tillagade i 2 rätter samtidigt: koka i hela 1½ minut. Låt stå i 1¼ minuter. Om äggvitan är för rinnig, koka i ytterligare 15-20 sekunder.

För 3 ägg tillagade i 3 rätter samtidigt: koka på fullt i 2-2½ minuter. Låt stå i 2 minuter. Om äggvitan är för rinnig, koka i ytterligare 20-30 sekunder.

Stekta (ångade) ägg

Mikrovågsugnen gör ett bra jobb här och äggen är mjuka och möra, alltid med solsidan upp och med en vit kant som aldrig krullar sig. Att steka mer än 2 ägg åt gången rekommenderas inte eftersom äggulorna kokar snabbare än vitan och stelnar. Detta beror på den längre tillagningstiden som krävs för att stelna äggvitorna. Använd porslin eller keramik utan antydan till dekoration, som de gör i Frankrike.

För 1 ägg: bestryk lätt en liten skål av porslin eller lergods med smält smör, margarin eller ett spår av fin olivolja. Knäck ägget i glaset och lägg det sedan i den förberedda skålen. Stick hål i gulan två gånger med ett spett eller spetsen på en kniv. Strö lätt över salt och nymalen svartpeppar. Täck med en tallrik och koka i 30 sekunder. Låt stå i 1 minut. Fortsätt koka i ytterligare 15-20 sekunder. Om det vita inte är tillräckligt stel, koka i ytterligare 5-10 sekunder.

För 2 ägg: som för 1 ägg, men först koka på fullt i 1 minut, sedan stå i 1 minut. Koka i ytterligare 20-40 sekunder. Om äggvitorna inte är tillräckligt stela, vänta ytterligare 6-8 sekunder.

Piperade

Serverar 4

30 ml/2 matskedar olivolja
3 lökar, mycket tunt skivade
2 gröna paprikor, kärnade och finhackade
6 tomater, blancherade, skalade, kärnade och hackade
15 ml/1 matsked hackade basilikablad
Salt och nymalen svartpeppar
6 stora ägg
60 ml/4 msk dubbel (tung) grädde
Rostat bröd, servera

Häll oljan i en djup form med en diameter på 25 cm/10 och värm utan lock på full effekt i 1 minut. Rör ner lök och peppar. Täck med en tallrik och koka i upptiningsläge i 12-14 minuter tills grönsakerna är mjuka. Blanda i tomater och basilika och smaka av. Täck som tidigare och koka på fullt i 3 minuter. Vispa ägg och grädde ordentligt och krydda. Häll upp i en skål och blanda med grönsaker. Koka utan lock på hög temperatur i 4-5 minuter tills det är lätt blandat, rör om varje minut. Täck över och låt stå i 3 minuter innan servering med knaprig rostat bröd.

Piperade med Gammon

Serverar 4

Förbered som Piperade, men skeda på portioner av stekt (ångat) bröd och toppa med grillad (rostad) eller mikrovågssylt (skivad).

Piperada

Serverar 4

Spansk version av Piperade.

Förbered som för Piperada, men tillsätt 2 pressade vitlöksklyftor med lök och grön paprika och tillsätt 125g/4 oz/1 kopp grovhackad skinka till de kokta grönsakerna. Dekorera varje portion med hackade fyllda oliver.

Florentinska ägg

Serverar 4

450 g / 1 lb nykokt spenat
60 ml/4 matskedar vispgrädde
4 pocherade ägg, kokta 2 åt gången
300 ml/½ punkt/1¼ kopp varm ostsås eller Mornaysås
50 g/2 oz/½ kopp riven ost

Bearbeta spenaten och grädden i en matberedare eller mixer. Lägg i en smörad grund 18 cm/7 ugnssäker form. Täck med en plåt och värm i en hel 1½ minut. Ordna äggen ovanpå och täck med varm sås. Strö över ost och stek på en het grill (broiler).

Pocherat ägg Rossini

SERVER 1

Detta kommer att skapa en elegant lätt lunch med en lummig sallad.

Fritera (stekt) eller baka skalade skivor av vetemjölsbröd. Bred ut med slät leverpastej innehållande, om kostnaderna tillåter, tryffel. Strö över ett nykokt pocherat ägg och servera genast.

Aubergine mixer

Serverar 4

En israelisk idé som förvandlas bra till en mikrovågsugn. Smaken är förvånansvärt stark.

750g/1½lb auberginer (auberginer)

15 ml/1 matsked citronsaft

15 ml/1 matsked majs- eller solrosolja

2 lökar, fint hackade

2 vitlöksklyftor, krossade

4 stora ägg

60 ml/4 matskedar mjölk

Salt och nymalen svartpeppar

Varm smörad toast att servera

Toppa och svansa auberginema och halvera dem på längden. Lägg på ett stort fat, skär ner och täck med hushållspapper. Koka på hög temperatur i 8-9 minuter eller tills de är mjuka. Ta bort fruktköttet från skalen tillsammans med citronsaften direkt i en matberedare och bearbeta till en tjock pasta. Häll oljan i en skål på 1,5 liter/2½ punkt/6 koppar. Värm, utan lock, i hela 30 sekunder. Rör ner löken och vitlöken. Koka utan lock i 5 minuter på fullt. Vispa äggen med mjölk och smaka av. Häll upp i en skål och rör om med lök och vitlök i hela 2 minuter, rör om var 30:e sekund. Blanda löken och vitlöken och tillsätt auberginepurén. Fortsätt att koka, utan lock, på hög temperatur i 3-4 minuter, rör om var 30:e sekund, tills blandningen tjocknar och äggen är rörda. Serveras på varm smörad rostat bröd.

Klassisk omelett

Serverar 1

En omelett med lätt konsistens som kan serveras vanlig eller fylld.

Smält smör eller margarin
3 ägg
20 ml/4 tsk salt
Nymalen svartpeppar
30 ml/2 matskedar kallt vatten
Persilja eller vattenkrasse, till dekoration

Smörj en grund form med en diameter på 20 cm/8 cm med smält smör eller margarin. Vispa äggen väldigt noggrant med alla övriga ingredienser utom dressingen. (Det räcker inte att försiktigt bryta äggen, som i traditionella omeletter.) Häll upp i en skål, täck med en tallrik och sätt i mikrovågsugnen. Koka på fullt i 1½ minut. Avtäck och rör försiktigt om äggblandningen med en träslev eller gaffel, för de delvis stelnade kanterna till mitten. Täck som tidigare och sätt tillbaka till mikrovågsugnen. Koka på fullt i 1½ minut. Avtäck och fortsätt koka i 30-60 sekunder eller tills toppen precis stelnat. Vik i tre delar och skjut ut på en uppvärmd tallrik. Garnera och servera genast.

Smaksatta omeletter

Serverar 1

200

Persiljeomelett: förbered som en klassisk omelett, men strö 30 ml/2 msk hackad persilja över äggen efter att omeletten har kokat de första 1,5 minuterna.

Omelett av gräslök: förbered som en klassisk omelett, men strö 30 ml/2 msk hackad gräslök över äggen efter att omeletten har kokat de första 1,5 minuterna.

Vattenkrasse omelett: förbered som en klassisk omelett, men strö 30 ml/2 msk hackad vattenkrasse över äggen efter att omeletten har kokat de första 1,5 minuterna.

Omelett med fina örter: förbered som en klassisk omelett, men strö 45 ml/3 msk blandad hackad persilja, vattenkrasse och basilika över äggen efter att omeletten har kokat de första 1,5 minuterna. Vi kan också lägga till lite färsk dragon.

Curryomelett med koriander: förbered som en klassisk omelett, men förutom salt och peppar, vispa ägg och vatten med 5-10 ml / 1-2 tsk currypulver. Efter att omeletten har kokat de första 1,5 minuterna, strö äggen med 30 ml/2 tsk hackad koriander (koriander).

Omelett med ost och senap: förbered som en klassisk omelett, men förutom salt och peppar, vispa ägg och vatten med 5 ml/1 tsk senap och 30 ml/2 tsk mycket finriven och välkryddad hårdost.

Brunch omelett

Serverar 1-2

En omelett i nordamerikansk stil som traditionellt serveras till söndagsbrunch. Brunchomelett kan smaksättas och fyllas som en klassisk omelett.

Förbered som en klassisk omelett, men istället för 30 ml/2 matskedar vatten, ersätt 45 ml/3 matskedar kall mjölk. Efter att ha avslöjats, koka på fullt i 1-1½ minut. Vik i tre delar och flytta försiktigt till en tallrik.

Pocherat ägg med smält ost

Serverar 1

1 skiva varm smörad rostat bröd
45 ml/3 matskedar färskost

Tomatketchup (catsup)
1 förlorat ägg
60–75 ml/4–5 matskedar riven ost
röd paprika

Bred färskost på rostat bröd och sedan tomatketchup. Lägg på en tallrik. Lägg ett pocherat ägg ovanpå, strö sedan över riven ost och strö över paprika. Värm utan lock vid upptining i 1-1½ minut tills osten börjar smälta. Ät nu.

Ägg Benedict

Serverar 1-2

Ingen söndagsbrunch i Nordamerika skulle vara komplett utan Eggs Benedict, ett grymt rikt äggkok som trotsar alla kalori- och kolesterolrestriktioner.

Dela och baka en muffins eller kaka. Lägg en utskuren (skiva) traditionellt grillad (rostad) fin bacon ovanpå, strö sedan båda halvorna med ett nypocherat ägg. Pensla med hollandaisesås och pudra sedan lätt med paprika. Ät nu.

Omelett Arnold Bennett

Serverar 2

Sägs ha skapats av kocken på Londons Savoy Hotel för att hedra den berömda författaren, omeletten är en monumental och oförglömlig omelett för alla stora dagar och högtider.

175 g rökt kolja eller torskfilé
45 ml/3 matskedar kokande vatten
120 ml/4 fl oz/½ kopp crème fraîche
Nymalen svartpeppar
Smält smör eller margarin för bredning
3 ägg
45 ml/3 matskedar kall mjölk
Nypa salt
50g/2oz/½ kopp färgad Cheddar- eller röd Leicesterost, riven

Lägg fisken i en grund skål med vatten. Täck med en tallrik och koka i 5 minuter. Låt stå i 2 minuter. Låt rinna av och strimla fruktköttet med en gaffel. Tillsätt crème fraîche och smaka av med peppar. Smörj en grund form med en diameter på 20 cm/8 cm med smält smör eller margarin. Vispa äggen ordentligt med mjölk och salt. Häll upp i fat. Täck med en tallrik och koka på fullt i 3 minuter, medan halvvägs genom tillagningen, vik in kanterna i mitten. Avtäck och koka på fullt i ytterligare 30 sekunder. Bred på blandningen av fisk och grädde och strö över ost. Koka utan lock på hög temperatur i 1-1½ minut tills omeletten är varm och osten har smält. Dela i två portioner och servera genast.

Tortilla

Serverar 2

Den deklarerade spanska omeletten är rund och platt som en pannkaka. Den kombineras bekvämt med brödbitar eller frallor och en knaprig grönsallad.

15 ml/1 matsked smör, margarin eller olivolja
1 finhackad lök
175 g kokt potatis skuren i tärningar
3 ägg
5 ml/1 tsk salt
30 ml/2 matskedar kallt vatten

Lägg smöret, margarinet eller oljan i en djup form med en diameter på 20 cm/8. Värm upp under upptining i 30-45 sekunder. Rör ner löken. Täck med en tallrik och låt koka i 2 minuter i upptiningsläge. Rör ner potatisen. Täck som tidigare och koka på fullt i 1 minut. Ta bort från mikrovågsugnen. Vispa äggen ordentligt med salt och vatten. Häll jämnt över lök och potatis. Koka utan lock i hela 4½ minuter, vänd på grytan en gång. Låt stå i 1 minut, dela sedan i två portioner och överför varje portion till en tallrik. Ät nu.

Spansk omelett med blandade grönsaker

Serverar 2

30 ml/2 matskedar smör, margarin eller olivolja

1 finhackad lök

2 tomater, skalade och hackade

½ liten grön eller röd paprika, finhackad

3 ägg

5–7,5 ml/1–1½ tsk salt

30 ml/2 matskedar kallt vatten

Lägg smöret, margarinet eller oljan i en djup form med en diameter på 20 cm/8. Värm för upptining i 1½ minut. Rör ner lök, tomater och hackad paprika. Täck med en tallrik och koka i upptiningsläge i 6-7 minuter tills de är mjuka. Vispa äggen ordentligt med salt och vatten. Häll jämnt över grönsakerna. Täck med en tallrik och koka i hela 5-6 minuter tills äggen stelnat, vänd på pannan en gång. Dela i två delar och överför varje portion till en tallrik. Ät nu.

Spansk omelett med skinka

Serverar 2

Förbered som en spansk omelett med blandade grönsaker, men tillsätt 60 ml/4 msk grovhackad lufttorkad spansk skinka och 1-2 pressade vitlöksklyftor till grönsakerna och koka i ytterligare 30 sekunder.

Råa ägg i sellerisås

Serverar 4

En förkortad lunch eller middag som ger tillräckligt med mat för vegetarianer.

6 stora hårdkokta (kokta) ägg, skalade och halverade
300 ml/10 fl oz/1 burk kondenserad sellerisoppa
45 ml/3 matskedar helmjölk
175 g riven cheddarost
30 ml/2 matskedar finhackad persilja
Salt och nymalen svartpeppar
15 ml/1 matsked rostat brödsmulor
2,5 ml/½ tsk paprika

Lägg ägghalvorna i en 20 cm/8 djup form. Blanda försiktigt soppan och mjölken i en separat skål eller skål. Värm, utan lock, i hela 4 minuter, vispa varje minut. Rör i hälften av osten och värm utan lock på hög temperatur i 1-1½ minut tills den smält. Rör ner persiljan, krydda efter smak och tillsätt sedan äggen, skedar i taget. Strö över resterande ost, ströbröd och paprika. Stek under en het grill (broiler) före servering.

Ägg Fu Yung

Serverar 2

5 ml/1 matsked smör, margarin eller majsolja
1 finhackad lök
30 ml/2 tsk kokta ärtor
30 ml/2 msk kokta eller konserverade böngroddar
125 g svamp skuren i skivor
3 stora ägg
2,5 ml/½ tesked salt
30 ml/2 matskedar kallt vatten
5 ml/1 tsk sojasås
4 vårlökar (finhackad).

Lägg smöret, margarinet eller oljan i en 20 cm/8 djup form och värm upp utan lock i 1 minut för att tina. Rör ner den hackade löken, täck med en tallrik och koka på fullt i 2 minuter. Rör ner ärtor, böngroddar och svamp. Täck som tidigare och koka i en hel 1½ minut. Ta bort från mikrovågsugnen och rör om. Vispa äggen ordentligt med salt, vatten och soja. Häll jämnt över grönsakerna. Koka utan lock i hela 5 minuter, vänd två gånger. Låt stå i 1 minut. Dela i två delar och lägg vardera på en uppvärmd plåt. Garnera med vårlök och servera genast.

Pizza omelett

Serverar 2

Ny pizza, botten gjord av en platt omelett istället för surdeg.

15 ml/1 matsked olivolja

3 stora ägg

45 ml/3 matskedar mjölk

2,5 ml/½ tesked salt

4 tomater, blancherade, skalade och skivade

125 g/4 oz/1 kopp mozzarellaost, strimlad

8 konserverade ansjovis i olja

8–12 urkärnade svarta oliver

Häll oljan i en 20 cm/8 djup form och värm upp, utan lock, i avfrostningsläge i 1 minut. Vispa äggen mycket noggrant med mjölk och salt. Häll upp i en skål och täck med en tallrik. Koka på fullt i 3 minuter, flytta kanterna till mitten av pannan halvvägs genom tillagningen. Avtäck och koka på fullt i ytterligare 30 sekunder. Bred ut med tomater och ost, dekorera sedan med ansjovis och oliver. Koka, utan lock, på fullt i 4 minuter, vänd två gånger. Dela i två portioner och servera genast.

Soufflé omelett

Serverar 4

1 mycket färsk karp, rensad och skär i 8 tunna skivor

30 ml/2 skedar maltvinäger

3 morötter, tunt skivade
3 lökar, tunt skivade
600 ml/1 pt/2½ koppar kokande vatten
10–15 ml/2–3 tsk salt

Tvätta karpen och blötlägg sedan i 3 timmar i tillräckligt kallt vatten med vinäger tillsatt för att täcka fisken. (Detta tar bort den leriga smaken.) Lägg morötterna och löken i en djup 23 cm skål med kokande vatten och salt. Täck med folie (plastfolie) och skär två gånger så att ånga kan komma ut. Koka på full effekt i 20 minuter, vänd på grytan fyra gånger. Häll av, reservera vätska. (Grönsaker kan användas någon annanstans i fisksoppan eller woka.) Häll tillbaka vätskan i skålen. Lägg till karpen i ett enda lager. Täck som tidigare och koka i hela 8 minuter, vänd på grytan två gånger. Låt stå i 3 minuter. Använd en fiskskiva och överför karpen till ett grunt fat. Täck över och kyl. Häll över vätskan till en kanna och kyl tills den är något gelélik. Häll geléen över fisken och servera.

Rollmops med aprikoser

Serverar 4

75 g torkade aprikoser
150 ml/¼ pt/2/3 kopp kallt vatten

3 inköpta rullmoppar med hackad lök
150 g/5 oz/2/3 kopp crème fraîche
Blandade salladsblad
Knäckebrot

Tvätta aprikoserna och skär dem i bitar. Lägg i en skål med kallt vatten. Täck med en omvänd plåt och värm till Full i 5 minuter. Låt stå i 5 minuter. Släpp. Skär rullmopparna i strimlor. Lägg till aprikoserna med lök och crème fraîche. Blanda väl. Täck över och låt marinera i kylen i 4-5 timmar. Serveras på salladsblad med knäckebrot.

Pocherad Kipper

Serverar 1

Mikrovågsugnen stoppar lukten från att komma in i huset och lämnar kippern saftig och mör.

1 stor ofärgad kiper, ca 450g/1lb

120 ml/4 fl oz/½ kopp kallt vatten

Smör eller margarin

Skär av kippern, kasta svansen. Blötlägg i 3-4 timmar i flera byten av kallt vatten för att minska sältan, låt rinna av om så önskas. Placera i en stor grund behållare med vatten. Täck med folie (plastfolie) och skär två gånger så att ånga kan komma ut. Koka på fullt i 4 minuter. Servera på ett varmt fat med en bit smör eller margarin.

Madras räkor

Serverar 4

25 g/1 oz/2 msk ghee eller 15 ml/1 msk jordnötsolja (jordnöt)

2 lökar, hackade

2 vitlöksklyftor, krossade

15 ml/1 matsked varm curry

5 ml/1 tsk malen spiskummin

5 ml/1 tsk garam masala

Saften av 1 liten lime

150 ml/¼ pt/2/3 kopp fisk- eller grönsaksfond

30 ml/2 matskedar tomatpuré (pasta)

60 ml/4 matskedar sultanas (gyllene russin)

450 g/1 lb/4 koppar skalade räkor (räkor), tinade om de är frysta

175 g/6 oz/¾ kopp långkornigt ris, kokt

Popadoms

Lägg ghee eller olja i en 20 cm/8 djup form. Värm, utan lock, i en hel minut. Blanda löken och vitlöken noga. Koka utan lock i 3 minuter på fullt. Tillsätt curry, spiskummin, garam masala och limejuice. Koka utan lock i 3 minuter på fullt och rör om två gånger. Tillsätt fond, tomatpuré och sultanas. Täck med en omvänd plåt och koka i 5 minuter. Häll av räkorna om det behövs, lägg sedan i skålen och blanda ihop. Koka utan lock på fullt i 1½ minut. Serveras med ris och popad.

Martini rödspätta rullar med sås

Serverar 4

8 flundrafiléer, 175 g/6 oz, tvättade och torkade

Salt och nymalen svartpeppar

Saften av 1 citron

2,5 ml/½ tesked Worcestershiresås

25 g/1 oz/2 msk smör eller margarin
4 schalottenlök, skalade och hackade
100 g/3½ oz/1 kopp kokt skinka, skuren i strimlor
400 g svamp, skuren i tunna skivor
20 ml/4 tsk majsmjöl (majsstärkelse)
20 ml/4 tsk kall mjölk
250 ml/8 fl oz/1 kopp kycklingfond
150 g/¼ pt/2/3 kopp enkel (lätt) kräm
2,5 ml/½ tesked granulerat (mycket fint) socker
1,5 ml/¼ tsk gurkmeja
10 ml/2 tsk martini bianco

Krydda fisken med salt och peppar. Marinera i citronsaft och Worcestershiresås i 15-20 minuter. Smält smör eller margarin i en kastrull (panna). Tillsätt schalottenlöken och fräs (svits) försiktigt tills den är mjuk och genomskinlig. Tillsätt skinkan och svampen och fräs i 7 minuter. Blanda majsmjölet med den kalla mjölken tills det är slätt och tillsätt resten av ingredienserna. Rulla ihop flundrafiléerna och sticka dem med cocktailpinnar (tandpetare). Lägg i en 20 cm/8 djup form. Bred ut med svampblandningen. Täck med folie (plastfolie) och skär två gånger så att ånga kan komma ut. Koka på fullt i 10 minuter.

www.ingramcontent.com/pod-product-compliance
Lightning Source LLC
LaVergne TN
LVHW021710060526
838200LV00050B/2600